AU-DELÀ DE NOTRE MONDE

RUTH MONTGOMERY

AU-DELÀ
DE NOTRE MONDE

TRADUIT DE L'AMÉRICAIN
PAR JEAN-ANDRÉ REY

J'AI LU
NEW
AGE

Ce roman a paru sous le titre original :

A WORLD BEYOND

© First Fawcett Crest Edition : 1972
© First Ballantine Books Edition : 1983

© Ruth Montgomery, 1971
This edition published by arrangement with
The Putnam Berkley Group, Inc.

Pour la traduction française :
© Éditions J'ai lu, 1990

L'écriture automatique est aussi mystérieuse que le cycle naissance-mort, et elle est considérablement plus difficile à expliquer. Lorsque nous voyons un nouveau-né, nous savons qu'il est sorti des entrailles de sa mère. Lorsque nous sommes témoins d'une mort, nous avons conscience que la force de vie s'en est allée; il ne reste rien d'autre qu'une enveloppe usée qui sera incinérée ou enfermée dans une tombe. La chose paraît évidente et claire.

En ce qui concerne l'écriture automatique, il en va différemment. On peut la voir et la lire, mais son origine et le principe moteur qui a guidé le crayon ou les touches de la machine à écrire ne peuvent être perçus par aucun de nos cinq sens physiques. Pourtant, nous savons que de nombreux livres ont été entièrement écrits sous l'influence de cette force directrice, parmi lesquels des récits reçus par une mère de famille du Middle West et les histoires fascinantes du Nouveau Testament dictées par l'intermédiaire de Geraldine Cummins.

La source de ces documents est presque invariablement un être désincarné ayant vécu sur terre, tout comme vous et moi. Certains de ceux qui doutent de l'existence de la communication entre les vivants et les morts prétendent que ces notations tirent leur origine du subconscient où sont emmagasinés nos souvenirs. D'autres croient que les messages sont transmis par une entité superconsciente en contact avec toute connaissance, par le truchement d'une sorte de perception extra-sensorielle.

Je ne prétends pas connaître la réponse à cette énigme. Je puis seulement attester que les perceptions vivaces de l'après-vie qui seront énoncées dans le présent ouvrage ne sont pas le produit de mon imagination ou d'un savoir conscient ; les exemples contenant des affirmations vérifiables m'étaient totalement inconnus avant qu'ils ne me soient communiqués par le biais de ma machine à écrire. Voici un exemple précis.

Le docteur I.C. Sharma, directeur de la section Philosophie à l'université d'Udaipur, m'a fait parvenir une lettre par avion, postée en Inde le 28 mars 1971. Dans cette missive, il m'annonçait que lui et sa femme Bhag « avaient dû quitter brusquement Udaipur en raison de la mort soudaine de sa belle-mère, Seeta Devi Manuja, décédée à Hissar », et qu'ils rentraient de son enterrement. Sachant que je m'adonnais à l'écriture automatique, il me demandait si je voulais bien essayer de recevoir un message qui réconforterait sa « chère Bhag ».

Le lendemain de la réception de cette lettre, à Cuernavaca, je demandai à Arthur Ford s'il pouvait me fournir des renseignements concernant cette femme – dont je ne savais absolument rien – et il me répondit aussitôt :

« Nous avons fait la connaissance de Seeta et

lui avons parlé. C'est une âme adorable, débordante d'énergie et jouissant du bonheur de se trouver ici au sein de cette souveraine majesté. Elle aime tous les membres de sa famille, mais ils ne peuvent lui manquer, puisqu'elle sera avec eux la plupart du temps jusqu'au moment où ils se seront accoutumés à son absence physique. »

Après quelques commentaires personnels sur Seeta, Ford continua :

« Elle demande à ses proches de ne pas oublier une petite fleur bleue qu'elle aimait tout particulièrement et de penser à elle lorsqu'ils la voient, car elle se trouvera elle-même à cet endroit. Seeta, Seeta, Seeta. Son nom lui sied très bien, qui veut dire "céleste merveille" au sein de notre vie éternelle. »

Je n'avais jamais entendu auparavant le nom de Seeta. Je l'avais lu pour la première fois dans la lettre du docteur Sharma. Et je ne pouvais savoir que des fleurs bleues poussaient dans un endroit comme Hissar dont, jusque-là, j'ignorais totalement l'existence. Je ne savais rien non plus des intérêts et des goûts de la mère de Mrs Sharma, et j'hésitais un peu à transmettre un tel message au directeur de la section Philosophie d'un pays lointain ; mais, en fin de compte, je pris la résolution de le faire.

Le 29 avril 1971, le docteur Sharma m'écrivit de nouveau de Jodhpur, où il se trouvait en qualité de membre d'un jury d'examens universitaires.

« Chacun des termes de la communication d'Arthur Ford était parfaitement exact, écrivait-il. La fleur bleue m'était inconnue, mais mon beau-père m'a appris que, durant les six derniers mois de sa vie terrestre, sa femme s'était prise de passion pour les fleurs, plus particulièrement pour certaines fleurs bleues qui poussent dans sa cour et qu'elle cultivait pour en décorer le living-room. C'est pourquoi le fait qu'elle ait déclaré aimer cette petite fleur bleue a procuré à ma chère Bhag une très grande consolation. »

Étant donné que ni le docteur Sharma ni sa femme n'étaient au courant de l'intérêt récent que Seeta portait aux fleurs bleues avant de recevoir ma lettre, étant donné, d'autre part, mon ignorance du fait que les parents de Mrs Sharma étaient encore en vie au moment de la lettre annonçant la mort de Seeta, il m'eût été impossible d'obtenir un tel renseignement au moyen d'un type normal de communication. L'explication la plus rationnelle était donc qu'Arthur Ford était entré en contact avec Seeta « de l'autre côté » et avait ensuite transmis un renseignement précis qui constituait une preuve incontestable aux yeux de sa fille et de son gendre.

Le présent ouvrage est le compte rendu par Arthur Ford de la vie au-delà du portail que l'homme désigne sous le nom de « mort ».

1

ARTHUR FORD VIT

La sonnerie stridente du téléphone me réveilla, me faisant, un peu à contrecœur, reprendre conscience de la réalité. Faux numéro, me dis-je dans mon demi-sommeil en constatant que l'aube commençait à peine à poindre. J'enfonçai un peu plus profondément ma tête dans l'oreiller, m'efforçant de me replonger dans un rêve qui s'obstinait à m'échapper; mais le téléphone continuant ses véhémentes protestations, je finis par saisir le combiné que je portai à mon oreille. Je perçus à l'autre bout du fil une voix familière.

– Ruth, ici Marianne Wolf, de Philadelphie.

Je compris aussitôt qu'elle allait m'annoncer une mauvaise nouvelle; et tandis que mon cœur se serrait, elle poursuivait :

– Je suis navrée de vous avoir réveillée à cette heure matinale, mais je voulais que vous sachiez le malheur avant de l'entendre à la radio. Arthur Ford est mort à Miami aux premières heures du jour.

Arthur Ford était mort! Je me sentais l'âme brisée. Et dire qu'en ce moment même le bloc-

notes posé sur mon bureau portait la mention :
« Écrire à Arthur ». La veille, j'avais voulu lui
téléphoner, mais je m'étais aperçue que j'avais
égaré le numéro de sa nouvelle résidence en
Floride, numéro qui ne figurait pas dans l'an-
nuaire. Deux mois plus tôt, alors que j'effec-
tuais une tournée de télévision pour parler de
mon dernier livre, je trouvai en rentrant à mon
hôtel, à New York, un message rédigé en ces
termes : « Appeler Arthur Ford d'urgence et à
n'importe quelle heure ». Bien qu'il fût près de
minuit, je l'appelai à Miami, et nous eûmes
une fort agréable conversation. Il avait eu des
échos de mon allocution à l'Église universaliste
de New York, et il était ravi que j'eusse chanté
ses louanges. Il se sentait très bien et m'annonça qu'il projetait une autre tournée de
conférences. Ce fut la dernière fois que j'entendis sa voix.

Et maintenant, un monde sans Arthur. Tout
au long de cette journée du 4 janvier 1971, je
pleurai sa mort. Je me rappelais combien il aurait voulu nous suivre à Cuernavaca lorsque
Bob et moi décidâmes de nous y fixer, en 1969.
Nous aurions certes été enchantés de l'avoir
pour voisin, mais nous ne l'en dissuadâmes pas
moins. Cette localité se situe à plus de mille
cinq cents mètres d'altitude, et ce n'était évidemment pas l'endroit idéal pour son cœur fatigué, d'autant que l'hôpital le plus proche se
trouvait à Mexico, c'est-à-dire à quatre-vingts
kilomètres de distance. Il s'installa donc à
Miami, afin d'être à proximité de la clinique où
il s'était souvent rendu pour se soumettre aux
traitements nécessités par son état.

Désormais, il ne souffrirait plus de ces pénibles crises d'angine de poitrine ! Et pourtant, j'aurais souhaité – non sans un certain égoïsme – qu'il revînt parmi nous. Je l'avais aimé comme un père pendant douze ans, et c'était au cours de ses séances de transe que j'avais repris contact avec mon propre père, par l'intermédiaire de Fletcher, qui était l'esprit contrôleur d'Arthur dans l'autre monde.

Peu après avoir fait la connaissance d'Arthur Ford, je découvris que j'étais apte à m'adonner à l'écriture automatique, et un généreux esprit contrôleur nommé Lily me dicta une grande partie des matériaux dont je me servis pour rédiger mon livre *A Search for the Truth* (À la recherche de la vérité), ainsi qu'un chapitre de *Here and Hereafter* (Ici et dans l'au-delà). Après avoir achevé ces deux manuscrits, j'abandonnai l'écriture automatique. D'une part, je me jugeais trop occupée pour poursuivre cette expérience et, en second lieu, ayant prouvé – du moins pour ma satisfaction personnelle – que la communication avec les prétendus défunts était parfaitement possible, je n'avais nul désir de devenir médium. Je me tournai donc vers des occupations plus classiques, et j'écrivis *Hail to the Chiefs : my Life and Times with Six Presidents* (Salut aux chefs : ma vie et mes occupations avec six présidents), ouvrage qui relatait mes expériences en tant que collaboratrice d'un journal de Washington. Je travaillais maintenant à un livre sur la conquête du Mexique, mettant en vedette Malinche, cette princesse indienne qui avait servi d'interprète à Hernán Cortés. Les membres de ma famille respiraient mieux : Ruth avait abandonné l'occultisme !

Un peu plus tard, au cours de cette douloureuse journée où j'avais appris la mort d'Arthur Ford, je me sentis irrésistiblement poussée vers ma machine à écrire pour m'essayer de nouveau à l'écriture automatique. Il ne se produirait certainement rien. J'avais abandonné Lily si brusquement qu'il n'y avait aucune raison d'espérer qu'un esprit aussi sollicité que le sien serait encore à ma disposition. Je me trompais. Dès que j'eus murmuré mon habituelle prière et placé mes mains au-dessus de ma machine, prêtes à taper, l'écriture débuta :

« Ruth, vous êtes en communication avec Lily et son groupe. Arthur Ford se trouve ici, et il veut que vous sachiez qu'il se sent aussi jeune que le joyeux mois de mai. Il est en grande forme et ne veut pas que vous vous attristiez sur son sort. Il se réjouit d'être parmi nous, il est plus heureux que vous ne sauriez l'imaginer, car il rêvait en secret d'accomplir ce voyage d'exploration. Il l'a trouvé plus beau encore qu'il ne l'avait espéré, plus beau qu'il ne l'avait vu au cours de ses transes. Telle une boule de feu, il domine le monde. Et il est totalement heureux d'être débarrassé d'un corps affaibli et usé qui lui causait de cruelles douleurs physiques. »

Le poids que j'avais sur le cœur depuis le matin disparut aussi soudainement qu'il s'était abattu sur moi. Le lendemain Lily amena mon père, Ira Whitmer Shick, lequel se mit aussitôt en communication avec moi :

« Ruth, Arthur et moi sommes devenus amis.

C'est un homme merveilleux, et j'apprécie beaucoup tout ce qu'il a fait pour t'initier à ce mode de communication parfaitement normal; mais il dit que j'y suis aussi pour quelque chose, car tu voulais à toute force te mettre en rapport avec moi, et c'est un peu cette envie qui t'a permis de t'accrocher courageusement à cette tâche. »

Arthur intervint alors :

« Ruth, ici Art. Pour le moment, inutile d'annoncer aux gens que nous sommes en communication, car tout le monde dans le pays ferait courir ce bruit, et je n'ai pas assez de temps pour répondre à Pierre, Paul ou Jacques et m'occuper de leurs doléances. D'ailleurs, je n'ai jamais été capable de mettre ma correspondance à jour. Saluez Marianne pour moi, et dites-lui combien j'apprécie qu'elle ait pris le temps de vous appeler pour vous communiquer la nouvelle de mon départ. Je n'aurais pas voulu accomplir ce grand pas sans que ma chère Ruth en soit aussitôt informée, ainsi que Marianne. Car vous m'êtes très chères toutes les deux, et j'apprécie ce que vous avez toujours fait pour moi lorsque j'étais parmi vous. Mais les adieux ne sont pas de mise, puisque je suis ici, comme vous pouvez le constater. En réalité, je ne vous ai pas quittées. J'ai beaucoup de sympathie pour votre père, et j'espère le voir souvent au cours des prochains mois. C'est tout pour maintenant, Ruth. Votre ami, Art. »

Le lendemain matin, encouragée par Lily, je décidai de reprendre mes séances devant ma machine, ainsi que je l'avais fait pour rassembler les matériaux qui avaient abouti à la rédaction de mon ouvrage *A Search for the Truth*. Lily écrivit ensuite :

« Arthur n'est pas là en ce moment, car il désire contrôler les détails de son enterrement et savoir ce que vont devenir les biens qu'il a laissés. Mais ce n'est là qu'une phase éphémère, car il ne tardera pas à se rendre compte que, de ce côté-ci, rien de tout cela n'a d'importance. »

Lily me donna ensuite des nouvelles de ma tante Mabel Judy, qui était récemment passée de l'autre côté et y avait avec joie retrouvé de vieilles connaissances. Ce fut ensuite le tour d'Arthur de se manifester :

« Ce Lily est vraiment un type extraordinaire. J'ai senti sa présence peu après avoir fait votre connaissance. Il émane de lui une lumière radieuse et un pouvoir qui peut avoir une influence bénéfique, de sorte que vous ne devez pas le négliger ou refuser l'aide qu'il peut vous apporter. »

Arthur s'intéressa immédiatement à mon manuscrit sur Malinche, et souhaita me le voir achever rapidement. Quelques jours plus tard, je compris les raisons qui le faisaient agir. Il voulait me savoir libre pour écrire, en collaboration avec lui, un ouvrage sur la vie dans l'au-delà. Avec son entrain coutumier, il m'affirma avoir rassemblé une ample quantité de matériaux, de sorte que nous pourrions présenter une «image absolument précise» des conditions d'existence au niveau où il se trouvait maintenant.

Le 19 janvier, je reçus un mot de mon éditeur de New York m'informant qu'une maison concurrente annonçait la publication pour le mois de mars suivant d'un autre livre sur Malinche. La coïncidence était troublante. Deux ouvrages sur le même sujet au cours de la même année, ce serait évidemment un de trop. Je me résolus donc, un peu à contrecœur, à mettre de côté mon manuscrit inachevé. Lily et Arthur se réjouirent de ma décision. Et, dès le lendemain matin, le premier m'écrivit :

« Nous n'étions pas au courant de l'autre livre avant que vous ne l'appreniez vous-même. Nous ne voyons pas tout, et nous ne savons pas tout. Bien des choses du monde physique nous échappent jusqu'à ce qu'elles pénètrent l'esprit d'une personne comme vous, avec qui nous sommes en rapports étroits. Nous vous assurons de notre sympathie ; mais, à la vérité, cette nouvelle en soi ne nous attriste pas, car ce manuscrit retardait inutilement notre travail en collaboration sur un projet bien plus important et durable, dont Arthur vous a déjà parlé. Si vous y consentez, nous commencerons tout de suite. Nous fouillerons les réalités de la vie d'une étape à l'autre, de manière à bien mettre en évidence toutes les différences qui les séparent. Nous débattrons du passage d'un stade à l'autre, nous verrons comment on perd son corps physique, et je vous fournirai un aperçu des stades plus élevés qui sont encore à venir. »

Je bouillais d'impatience, et je suivis avec joie les instructions de Lily qui me demandait de glisser une feuille blanche dans ma machine à écrire. Ce fut Arthur Ford qui déclencha l'écriture des données qui suivent :

«Ruth, nous avons été maintes fois en contact, au cours de ma vie terrestre, depuis le jour de notre rencontre. Nous avons été des amis et des camarades, des associés au cours de certains événements, mais nous n'avons jamais été ni rivaux ni ennemis, ce qui nous a permis de si bien travailler ensemble et d'éprouver l'un envers l'autre une parfaite loyauté.

» Mais trêve de préambules ! À présent, nous partons de cette prémisse : chaque personne constitue une entité continue à travers l'éternité entière. Elle n'a ni commencement ni fin, en dépit de ce qu'affirment certains moralistes qui parlent du début de la vie physique à la naissance d'un enfant, vie qui s'achèvera, selon leur théorie, au jour du Jugement dernier. Sottises que tout cela. Il n'y a jamais eu un seul moment où nous n'existions pas, et nous existerons toujours, même si nous devons constamment changer de forme ou de sphères, car nous sommes une partie de Dieu, autant que Dieu est une partie de nous-mêmes. Cette affirmation surprendra sans doute certaines personnes, mais d'autres se feront à cette idée. C'est une considération essentielle. Car si chacun de nous est Dieu, nous sommes donc Dieu pris tous ensemble. Et puisque chacun de nous est indispensable pour constituer un Dieu complet, nous savons qu'une tierce personne est aussi nécessaire que nous-même au bien-être commun. Par conséquent, il incombe à chacun de nous de s'intéresser sincèrement aux autres, car ils nous sont aussi indispensables que le sont nos propres jambes et nos bras, nos yeux et nos oreilles.

» Chacun de nous est incomplet sans la totalité de l'humanité, qui comprend à la fois les vivants et les morts. N'oubliez pas que ce "chacun pour tous" s'applique également aux vivants et aux prétendus morts, car c'est la totalité qui fait de nous cette Universalité spirituelle que nous avons coutume d'appeler Dieu. Il se peut qu'une telle conception ne plaise guère au clergé, mais si vous vous donnez la peine d'y réfléchir pendant un moment, vous vous rendrez compte qu'elle est beaucoup plus proche de la recommandation du Christ : "Aimez-vous les uns les autres" que de ces affirmations fumeuses qui nous présentent Dieu assis sur son trône dans l'attente de juger les vivants et les morts. Car chacun de nous est une parcelle de Dieu. »

Arthur revint à maintes reprises sur cette philosophie au cours des semaines qui suivirent, développant sa thèse et exposant clairement sa pensée. À ce stade, j'avais hâte de l'entendre parler de sa réunion avec Fletcher. Tous ceux qui ont bien connu Ford savent que Fletcher avait été un des ses amis de jeunesse, un Canadien français qui avait perdu la vie au cours de la Grande Guerre. Quelques années plus tard, il était devenu en quelque sorte le maître de cérémonie pour les entités spirituelles désirant se manifester par l'intermédiaire de Ford lorsque ce dernier était en état de transe. Arthur sentit apparemment la curiosité qui me dévorait car, dès le lendemain matin, il entra en communication avec moi :

« Bonjour, Ruth ! Alors que je regardais autour de moi en arrivant ici, j'ai vu ma mère, ma sœur et plusieurs autres membres de notre famille, ce qui a grandement facilité mon entrée. Puis est venu Fletcher, dont le visage éthéré s'éclairait d'une aura éblouissante à l'idée que j'avais franchi le pas sans perte de conscience et que j'étais maintenant prêt à le décharger jusqu'à un certain point d'une tâche qui lui avait souvent paru pénible, mais qu'il s'était pourtant engagé à accomplir.

» Ses premiers mots furent les suivants : "Cher ami, je vous souhaite la bienvenue. Et quel encouragement pour tous les deux ! Je vais pouvoir désormais m'attaquer à de plus grandes tâches." Il m'a ensuite parlé longuement, s'efforçant de me faire comprendre ce à quoi on pouvait s'attendre, de ce côté-ci, et me mettant en garde au moyen de paroles bien senties contre le fait de devenir aussi terre à terre qu'il l'avait fait en élaborant sur près de cinquante ans ce projet me concernant. C'est pourquoi nous sommes tous impatients, Ruth, que vous acheviez la rédaction de ce livre. En entreprenant un projet à court terme comme celui-là, il me sera possible de régler mes affaires terrestres demeurées en suspens, d'apporter une contribution durable aux connaissances de tous ces braves gens qui me considéraient comme un guide ; ensuite, je pourrai, ici, m'adonner à d'autres tâches. Je n'ai pas l'intention de me cantonner pendant des années et des années dans un rôle de porteur de messages, comme ce pauvre Fletcher l'a fait à mon égard.

» Et maintenant, comment se présente la vie dans notre domaine extraterrestre et dans notre stade d'évolution? Ne perdez pas de vue que je suis nouveau ici, et que je pourrai vous informer uniquement de ce que j'ai pu apprendre depuis mon arrivée; ensuite, à mesure que s'intensifiera mon expérience, je vous tiendrai au courant, de manière que les lecteurs de notre livre puissent avoir l'impression d'avoir eux-mêmes connu une semblable expérience. Quant aux questions concernant le monde sidéral, je laisserai cela aux grands esprits comme Betty et Stewart Edward White – auteurs de l'ouvrage intitulé *The Unobstructed Universe* (L'Univers sans limites) –, lesquels se trouvent d'ailleurs ici. En ce qui nous concerne, nous nous contenterons d'un langage de profanes facile à comprendre en évitant de noyer nos lecteurs dans un style compliqué et pompeux.

» Bien sûr, le temps est ici complètement différent. Il n'est pas indiqué par une horloge, car nous sommes à même de l'éliminer tout comme l'espace; nous pouvons nous trouver à tout moment en un endroit quelconque, et nous sommes capables de voir très loin devant nous dans ce que vous appelez l'avenir, ce qui transcende l'idée terrestre du temps qui s'écoule. Car, ne vous y trompez pas, tout est soigneusement programmé. Si les habitants de la terre étaient conscients de cette réalité, ils ne se donneraient pas tant de mal pour tenter d'éviter certaines catastrophes. En effet, pourquoi se faire tant de souci, alors que tout votre avenir est déjà prévu dans ses moindres détails? Cet avenir, il faut l'accepter tel qu'il se présente; il faut l'attendre avec sérénité et sans crainte, tout en s'efforçant de bien remplir sa vie. Car votre avenir est déjà déterminé ; il fait partie d'un plan divin destiné à vous faire accomplir la mission qui sera la vôtre lorsque vous reprendrez la forme terrestre. Alors pourquoi craindre et s'angoisser ? Cela serait la preuve d'un manque de foi et de confiance dans le plan prévu depuis toujours. Il faut être détendu et disponible, prêt à accepter ce qui vient et à accomplir votre tâche au mieux. »

Le lendemain, Arthur souleva un peu plus le rideau pour dévoiler une autre partie du monde des esprits :

« La mort n'est rien d'autre que le franchissement d'une porte au-delà de laquelle on nous appelle. Et le passage est si bref, si rapide que nous nous en rendons à peine compte. Ce qui est important, c'est ce qui se trouve au-delà de la porte. Le corps est fatigué et affaibli. À un moment donné, le cœur s'arrête ; et ce n'est pas simplement parce que le mécanisme ne peut plus fonctionner : c'est aussi et surtout parce que l'âme s'est enfuie en se glissant par la porte ouverte. Certaines âmes s'en vont allègrement, d'autres avec plus de réticence ; mais toutes obéissent à l'appel universel de la paix et de la tranquillité.

Il se peut que, pendant un certain temps, l'âme en transit sommeille, surtout s'il s'est produit un choc excessif ou un affaiblissement cérébral. De ce côté-ci, on la laisse dans sa torpeur jusqu'à ce qu'elle se réveille et éprouve le besoin intime d'entrer en rapport avec les autres. Parfois le passage d'un monde à l'autre est aussi coulant, aussi léger que le souffle d'une brise estivale. Tel a été mon cas ; et cela parce que je savais vaguement ce qui m'attendait et que je n'avais aucune objection à me dépouiller de cette enveloppe terrestre que constituait mon corps souffrant. La douleur cessa brusquement tandis que l'âme s'envolait vers des contrées mystérieuses et lointaines. Je me trouvai alors plongé au sein d'une beauté que votre imagination est incapable de concevoir. Ici, nul besoin de confort physique : seule restait l'infinie beauté du monde.

» Je constatai que tout était semblable à ce que mon subconscient avait pu retenir d'un séjour antérieur, bien qu'il soit difficile de se remémorer une semblable beauté et les affinités profondes que l'on a pu éprouver pour les autres habitants de cet éternel séjour. Se glisser par cette porte, c'était un peu comme de reposer son corps fatigué en rentrant chez soi. En un instant, sans la moindre pensée consciente, je me trouvai entouré de parents, et j'entendis soudain la voix de ma mère qui me disait : "Alléluia, Arthur. Bienvenue à la Terre de Canaan." Certes, il ne s'agit pas de la Terre de Canaan, mais ma mère avait appartenu à une Église évangélique, et c'était cette Terre qu'elle avait espéré trouver ici.

» Il faut éclairer, dans votre monde terrestre, l'esprit de ceux qui s'accrochent aux croyances puériles de leur imagination, ce qui ne fait que freiner leur cheminement vers la vraie vie. Au lieu d'affubler la vérité de sornettes dont il faudra ensuite se débarrasser, mieux vaudrait s'en tenir à son travail. Ici, le travail existe aussi, mais uniquement un travail nécessaire, indispensable. Nul n'est forcé de s'atteler à une quelconque tâche. Chacun choisit ce qu'il veut faire, et si cette tâche l'aide dans sa croissance spirituelle, cela suffit à ravir les anges, pour reprendre l'expression des prêcheurs. En revanche, nul ne sera jamais contraint de croître et de se développer. Il n'y a pas ici de professeurs pour apprendre la lecture, l'écriture et l'orthographe à Pierre, Paul ou Jacques. À moins, bien sûr, que le sujet en question ne souhaite se développer, accroître sa valeur et sa puissance spirituelles. Il en résulte que nous devons nous montrer ici plus forts que de votre côté. Comprenez-vous ce que je veux dire ? Chez vous, on se trouve poussé, souvent contre sa propre volonté, par des parents aimants ou des professeurs qui veulent à toute force parvenir au résultat souhaité. Ici, on est libre de suivre ses propres inclinations, et les paresseux peuvent flâner tout à leur aise sur le bas-côté de la route sans être remis de force sur le chemin.

» Du moins est-ce là ce que j'ai pu constater jusqu'à présent. Mais il faut évidemment admettre que je suis un nouveau venu dans un pays que l'on trouve toujours un peu différent à chacune des réincarnations que l'on subit. Car nous sommes, nous aussi, différents chaque fois que nous franchissons la grande porte béante. Nous nous sommes formé de nouveaux modes de pensée, nous avons échafaudé de nouvelles idées quant à ce que nous espérons trouver ici ; or, les pensées étant choses concrètes, nous sommes, avec Dieu, co-créateurs de ce que nous trouvons à notre arrivée ici. Ruth, nous souhaiterions que vous puissiez éveiller les gens qui vous entourent à l'importance de cette vérité absolue. Car leurs pensées créent non seulement la forme de leur vie future, mais encore leur ciel ou leur enfer. »

Comme pour illustrer son point de vue, Arthur prit l'exemple de ma tante Mabel, qui était passée de l'autre côté presque en même temps que lui-même. Vieille fille, institutrice durant toute sa vie, elle avait une âme pleine de générosité, et nous la chérissions tendrement. Mais, à l'instar de ma mère, dont elle partageait l'appartement, dans une petite ville du Middle West, elle déplorait l'intérêt que je portais aux phénomènes psychiques.

« Au début, expliqua Arthur en faisant allusion à elle, votre tante accueillit avec allégresse de vieux amis et parents, allant joyeusement de l'un à l'autre. Ensuite, je remarquai un changement dans son attitude. Lorsqu'elle était chez vous, elle était d'esprit étroit, dévote, pleine de bonté, mais dépourvue d'idées originales et trop circonspecte pour en rechercher. Ici, elle est devenue pire, car l'ambiance dans laquelle nous nous trouvons est à l'encontre de tout ce qu'elle attendait en fait de paradis, de sorte qu'elle a parfois le sentiment de se trouver dans un endroit qui ne lui convient pas. Ce qu'elle était de l'autre côté et ce qu'elle est ici forment évidemment un tout, mais notre comportement en ce lieu est influencé par ce que nous nous attendions à y trouver.

» Mabel s'étant persuadée qu'elle allait rencontrer des anges flottant au sein de palais et de vallons sylvestres, elle est momentanément déçue. Mais cela passera à mesure que se développera sa spiritualité, à condition qu'elle y mette du sien. Dans le cas contraire, une âme peut parfois demeurer en suspens durant des milliers d'années. Le développement de l'esprit et celui de l'âme sont chose essentielle, ici comme là-bas. Et c'est nous-même qui devons fournir l'effort indispensable à notre croissance spirituelle ; rien ne se fera sans notre aide et en dehors de nous. C'est pourquoi j'aimerais vous faire représenter chacun d'entre nous comme une partie de Dieu ; car vous et moi sommes les dieux qui décidons soit de grandir, soit de demeurer à l'état d'embryons.

» La progression. C'est ici, comme là-bas, la clé du bonheur. Et quel endroit merveilleux que celui-ci pour ceux d'entre nous qui sont avides d'apprendre et de croître ! Nous possédons le ciel et les fleurs, les arbres, des couchers de soleil aussi brillants que vous pouvez l'imaginer ; car, dans ce monde-ci, tout est en vous-même sous forme de pensée. Nous communiquons, nous travaillons, nous croissons et nous développons par la pensée. Étant libres de toute interférence avec les souvenirs physiques – lesquels ne sont que de simples instruments –, nos pensées réagissent instantanément à tout ce que nous souhaitons entreprendre. Nous avons la possibilité de voir dans l'instant même une personne ou une âme à laquelle nous songeons. Nous émettons constamment des modes de pensées qui nous sont propres, de sorte que nous sommes partout où nous souhaitons nous trouver.

» Nous ne connaissons ni la saleté, ni les taudis avilissants, ni l'air pollué, qui ne sont plus pour nous que des concepts à demi oubliés. Voyez-vous, les pensées sont des choses réelles, dans lesquelles nous sommes susceptibles d'intégrer ce que nous souhaitons voir, exactement comme de votre côté vos pensées peuvent rendre votre vie plus lumineuse ou plus sombre. Si vous pensez au mal, il arrive; pensez, au contraire, à la bonté, et vous ne voyez autour de vous que de belles choses. Songez à l'amour, et vous êtes entouré d'amour, songez à la haine, et le monde se transformera en un endroit nauséabond rempli d'ogres et de voix funestes. Ici, nos esprits se débarrassent vite des idées dégradantes. Ils émettent leurs propres pensées, de sorte qu'il leur est aisé de reconnaître les mêmes chez autrui; c'est ainsi que nous nous retrouvons. "Qui se ressemble s'assemble", comme nous disions autrefois. Qui donc aimerait à se trouver dans une ruelle sordide ou dans une station balnéaire surpeuplée lorsque notre pensée peut nous offrir d'admirables plages balayées par le vent et inondées de soleil ou des chalets de montagne d'où l'on domine de magnifiques et impressionnants paysages ? »

Au cours de ma dernière conversation téléphonique avec Arthur Ford, je lui avais suggéré d'écrire, avec ma collaboration, un autre ouvrage sur le psychisme, que j'aurais proposé à mon éditeur Ellis Ambrun. Il m'avait promis d'y réfléchir. Et voilà qu'il me déclarait à présent :

« Dites à Ambrun que ceci devrait largement compenser le livre que je n'ai pas pu lui écrire là-bas. Je n'aurais d'ailleurs pu ajouter que peu de chose à ce que j'avais déjà écrit ; mais maintenant, nous serons à même de révéler bien des points qui, depuis longtemps, intriguent l'humanité. Lily et son groupe me demandent de vous apprendre tout ce que je peux sur l'état des êtres de ce côté-ci de la porte, les raisons qui font qu'il est essentiel de se préparer, là-bas, à notre changement de forme, les buts de la méditation et de la prière, les relations entre les deux mondes et la manière dont on vit de ce côté-ci. Ce faisant, nous espérons éveiller les gens à la réalité, leur faire comprendre que chaque journée passée là-bas est gaspillée, à moins que l'on ne prenne soin de se préparer au passage inexorable qui nous attend tous.

» Considérez, par exemple, les livres de classe d'un jeune garçon. Chaque jour, l'élève prépare une nouvelle leçon, plus avancée que celle de la veille, et il progresse lentement, jusqu'au jour de l'examen au cours duquel il est classé d'après les résultats obtenus. C'est simple, n'est-ce pas ? Facile à comprendre. Eh bien, nous revenons tous à l'école pour apprendre à nous développer plus rapidement et tester les progrès accomplis. Au plan spirituel, cela ressemble au petit garçon devant ses livres. Chaque jour qui passe nous lance de nouveaux défis, nous offre de nouvelles occasions, de nouvelles manières de tester le développement de notre âme, de mesurer notre croissance intérieure. Chaque journée sans méditation est une journée gâchée ; or le temps passe rapidement pour tout le monde. Si les gens pouvaient voir ce que je vois de ce côté-ci de la barrière, ils se rendraient compte que chaque vie n'est guère plus qu'un éclair dans la durée et que les éons qui parfois traversent les existences terrestres sont de lentes périodes d'attente, à moins que nous ne nous livrions à des travaux extraordinaires comme Lily, ou Fletcher, comme ceux qui œuvraient pour Eileen Garrett et pour d'autres, tentant d'apporter la bonne parole à ceux qui accepteraient d'ouvrir leur esprit. »

Je précise qu'Eileen Garrett était une célèbre métapsychiste américaine d'origine irlandaise qu'Arthur et moi avions connue personnellement. Arthur s'interrompit un moment pour ajouter ensuite :

« À propos, j'ai rencontré Eileen ici à plusieurs reprises. Elle ne souffre plus d'arthrite ni de troubles émotifs ; elle est calme et sereine, belle et maintenant pleinement éveillée, car le voile tombe lorsque nous franchissons la porte. Elle est également impatiente de se mettre à l'ouvrage, mais elle désire trouver le trait d'union qui lui permettra de reprendre et de poursuivre les recherches qu'elle effectuait de l'autre côté. »

2

LA SAGA D'ARTHUR FORD

Arthur Ford était le médium américain le plus connu au moment où il a été frappé par une crise cardiaque qui lui a été fatale. Érudit, lettré et courtois, doté de beaucoup d'humour et d'un certain esprit caustique, c'était un plaisir que de le fréquenter, qu'il fût conscient ou en état de transe. Au cours de ses cinquante années de médiumnité, il œuvra avec une égale bonté pour les puissants de ce monde et pour les personnes les plus humbles. Il n'avait aucun préjugé racial et, bien que relevant d'une grave crise cardiaque, il se rendit à Washington un certain 1er mars, pour assister, avec d'autres pasteurs, à une réunion présidée par Martin Luther King. Parce qu'il croyait aux droits de l'homme.

Voyant remarquable et excellent psychiste, il pouvait apparemment recevoir des messages des défunts, même lorsqu'il était parfaitement conscient, et il était capable d'apprendre quantité de choses sur une personne absente par le simple fait de manier un objet lui ayant appartenu. Mais, lorsqu'il était en état de transe, c'était Fletcher qui transmettait les messages en provenance de l'au-delà, les morts ne s'adressant pas directement à Ford. Il était capable d'opérer en pleine lumière à n'importe quel moment, en nouant simplement un foulard sombre devant ses yeux pour faciliter son sommeil hypnotique.

Les médiums qui reçoivent les messages directement et qui les transmettent par leur propre voix exigent l'obscurité totale, prétendant que les trompettes ne sauraient flotter dans la lumière, et peut-être ont-ils raison. Malheureusement, des pièces ainsi assombries sont susceptibles de masquer une supercherie, pour peu que le médium soit enclin à ce jeu. Avec la méthode utilisée par Ford, en revanche, il était toujours possible de prendre des notes copieuses et même, si on le souhaitait, de procéder à des enregistrements magnétiques.

Ford était un homme simple et modeste, sans prétention et qui, parfois, considérait ses dons de voyance comme une lourde croix à porter. Pourtant, il considérait cette médiumnité comme une mission qui lui était impartie sur cette terre, et je ne l'ai jamais entendu se plaindre. Lorsqu'il était enfant, à Titusville, en Floride, la vie sociale de sa famille était centrée autour de l'église. La famille de sa mère était, depuis des générations, fidèle aux baptistes du Sud, de sorte que le jeune garçon assistait aux services chaque matin et chaque soir. Il prenait aussi une part active à l'Association des jeunes baptistes, et sa mère était persuadée qu'il deviendrait un jour ministre du culte. Elle-même resta fidèle jusqu'à sa mort à la doctrine baptiste, mais son fils, après avoir lu des tracts de l'Église unitarienne, manifesta de telles idées iconoclastes que les baptistes locaux l'exclurent de leur paroisse.

Il obtint alors une bourse pour l'université de Transylvanie et, peu après la Première Guerre mondiale, il fut ordonné prêtre au sein des Disciples de l'Église du Christ. Mais il avait déjà pris conscience de ses dons psychiques, et il ne tarda pas à abandonner la chaire pour la scène du monde, bien qu'il passât tout le reste de son existence terrestre à éveiller les esprits des autres pasteurs à l'idée d'une vie permanente pouvant être perçue en dehors de nos cinq sens physiques.

Arthur Ford se trouvait à Lexington, dans le Kentucky, au début de la Première Guerre mondiale et, après un stage d'entraînement de trois mois, il fut nommé sous-lieutenant. Affecté à Camp Grant, c'était un jeune officier plein d'allant et d'assurance jusqu'au jour où il se réveilla, un certain matin, en « voyant » les noms des membres du camp qui étaient morts de la grippe durant la nuit. Il se dit qu'il pourrait chasser ce rêve troublant en allant simplement consulter le tableau d'affichage officiel ; mais quand il fut devant, il constata non seulement que les noms étaient les mêmes, mais encore qu'ils étaient inscrits dans l'ordre exact où il les avait « vus ».

Le phénomène se reproduisit deux jours de suite, et comme certains de ses camarades paraissaient mettre son histoire en doute, il leur cita, dès son réveil, les noms qu'il avait « vus ».

Le tableau confirma de nouveau son rêve et, cette fois, il y avait des témoins. À quelque temps de là, il se mit à « voir » dans ses rêves les noms des hommes de la division « Arc-en-Ciel » tués en combattant au-delà des mers. Et les listes officielles publiées par la suite confirmaient invariablement ses rêves.

À la fin de la guerre , il retourna à Lexington et, pour son plus grand soulagement, ses rêves troublants cessèrent, car il craignait de sombrer dans la folie. Cependant, le jour où le professeur Elmer Snoddy, spécialiste en psychologie, lui fit connaître des ouvrages sur le mysticisme, il apprit que de nombreuses personnes – John Wesley, Martin Luther, Emmanuel Swedenborg, Dwight Moody et même des saints de l'Église catholique – avaient expérimenté des phénomènes psychiques. Ce nouveau savoir apaisa sa conscience puritaine et, en collaboration avec un petit groupe de professeurs et d'ecclésiastiques, il se livra à des expériences de tables tournantes et de voyance. Sa curiosité fut à ce point éveillée qu'il effectua un voyage à New York pour examiner les travaux de la Société américaine de recherches psychiques, et son intérêt pour l'occultisme se poursuivit après même qu'il fut devenu pasteur à temps complet dans une petite paroisse du Kentucky. Au cours de la seconde année de son ministère, il fit la connaissance du docteur Paul Pearson, président-fondateur de la Swarthmore Chautauqua Association[1], lequel

1. Groupe de professeurs et d'artistes effectuant des tournées aux États-Unis dans un but éducatif et religieux (*N. du T.*).

le persuada de se joindre à sa tournée de conférences pour traiter des sujets métapsychiques.

Le jeune ministre du culte avait la ferme intention de retourner à sa chaire dès l'automne, mais il ne le fit jamais. Il étudia pendant un certain temps auprès de Swami Yogananda, mystique indien qui donnait alors des conférences aux États-Unis et, ses pouvoirs psychiques s'étant rapidement développés, il fit sensation à Londres aussi bien qu'à New York. En 1924, Fletcher commença à remplir le rôle d'interlocuteur invisible entre les vivants et les morts pendant les transes d'Arthur Ford, lequel céda aux sollicitations de sir Arthur Conan Doyle qui le pressait de devenir médium professionnel. L'auteur des livres de Sherlock Holmes était convaincu que ministres du culte et médiums sont des « appelés de Dieu » et, comme il existe plus de pasteurs que de médiums, ce fut cette dernière profession qu'il conseilla à son jeune ami d'embrasser.

Les transes d'Arthur Ford furent contrôlées en maintes occasions par quelques-unes des plus éminentes personnalités de l'époque : le grand physicien anglais sir Oliver Lodge ; le professeur William McDougall, de la section psychologique de l'université de Harvard ; des romanciers, tels que sir Arthur Conan Doyle, Upton Sinclair, Jack London, Gerald Heard ; le docteur Sherwood Eddy, secrétaire universel de l'Union chrétienne de jeunes gens ; de nombreux écrivains, artistes, sénateurs, membres du Congrès, familiers de la Maison-Blanche et membres de la noblesse européenne.

Il fit des conférences dans les trois continents et se trouvait au sommet de son étonnante carrière lorsque, en se rendant de la Caroline du Sud à New York, son automobile fut heurtée, à proximité de la ligne de chemin de fer, par un camion chargé de tabac. Sa sœur et une amie trouvèrent la mort dans cet accident, et Arthur fut transporté dans un petit hôpital voisin où on diagnostiqua de multiples contusions internes, de sorte qu'un médecin jugea opportun de lui administrer de puissants sédatifs pour adoucir ses derniers jours. Malheureusement, le jeune docteur s'intéressait davantage aux pouvoirs psychiques d'Arthur qu'à son bien-être physique ; aussi, quand il s'aperçut que son malade, drogué, était capable de diagnostiquer les maladies des autres patients, il poursuivit les injections massives de morphine plus longtemps qu'il n'eût été nécessaire.

L'état d'Arthur fut enfin découvert par un autre médecin, lequel fit promptement transporter le malade dans un grand hôpital de New York. Mais Ford souffrait tellement de la privation soudaine de morphine qu'un ami du docteur suggéra à celui-ci de lui faire avaler un verre d'alcool pour calmer ses nerfs et lui procurer le sommeil. Bien que Ford n'eût jamais absorbé une goutte d'alcool, il s'aperçut qu'il le supportait remarquablement, de sorte qu'il lui fallut une bouteille entière de scotch pour qu'il en ressentît les effets et sombrât finalement dans le sommeil.

Au cours des vingt années qui suivirent, il combattit sa tension nerveuse par l'alcool, tout en continuant à voyager autour du monde et à paraître dans des salles de conférences. Il était maintenant délivré de la morphine, mais intoxiqué par l'alcool. Parfaitement conscient de ce fait, il se soumit à de nombreuses cures, mais ce fut en vain. En désespoir de cause, il se tourna vers les *Alcoholics Anonymous*[1], et il lui fut ainsi possible de se défaire de son habitude néfaste. Il est utile de préciser que, même lorsqu'il faisait un usage immodéré de l'alcool, ses pouvoirs psychiques n'étaient nullement altérés et qu'il continuait à éblouir son assistance où qu'il se trouvât.

En dépit de sa renommée mondiale, je n'avais jamais entendu parler d'Arthur Ford avant 1956, date à laquelle j'entrepris, à la bibliothèque du Congrès, des recherches sur les phénomènes psychiques, destinées à une série d'articles que je devais fournir au Service de presse international. La plupart des ouvrages que je fus ainsi amenée à consulter parlaient du médium Arthur Ford, et de nombreux auteurs faisaient allusion à des séances si troublantes que je fus réellement intriguée. Pourtant, je ne croyais aucunement, à cette époque, à une possible communication entre les vivants et les morts.

Mais, quelques années plus tard, apprenant que Ford allait donner une conférence en l'église Swedenborgian de Washington, je résolus d'aller l'écouter. Et je lui demandai ensuite un rendez-vous, dans le but de réaliser une interview pour mon journal.

---

1. Groupement d'anciens alcooliques réformés, qui s'emploient à ramener d'autres alcooliques à la sobriété (*N. du T.*).

Cet entretien porta essentiellement sur un nouvel organisme appelé *Spiritual Frontiers Fellowship* (Communauté des Frontières spirituelles), que Ford avait constitué en collaboration avec un groupe d'autres pasteurs, de professeurs d'université et de membres des carrières libérales, dans le dessein d'explorer les phénomènes psychiques à l'intérieur du cadre des églises existantes. Avant de quitter l'appartement de son hôtel où il avait bien voulu me recevoir, je lui avouai que j'avais récemment écrit une série d'articles destinés à démystifier les médiums. Il me proposa alors d'entrer en transe sur-le-champ, afin de me prouver la réalité de ses dires. J'ai fait état des résultats impressionnants de cette séance dans mon livre *A Search for the Truth* (À la recherche de la vérité).

J'écrivis aussitôt un article relatant cet exploit de Ford et, par la suite, le célèbre médium nous rendait visite chaque fois qu'il venait à Washington. En ces occasions, j'invitais souvent des amis à assister à une des séances, mais sans lui révéler leur identité. Il n'en allait pas de même de Fletcher ! À chacune de ces réunions, il faisait état, à propos de chacun des invités, d'une abondance de détails matériels qui lui étaient dictés par les défunts dont il citait les noms.

Au cours des années qui suivirent, il fit de fréquents séjours chez nous, aussi bien dans notre maison de Washington que dans celle de Virginia Beach. Il nous écrivait aussi des lettres pleines de son esprit caustique, et nous eûmes également d'innombrables conversations téléphoniques. Nous donnâmes aussi des conférences ensemble, et nous étions désormais liés par une amitié si profonde que nous restions rarement plus de deux ou trois semaines sans entrer en contact d'une manière ou d'une autre. Pourtant, nous n'eûmes jamais de communications aussi régulières que celles que nous connaissons maintenant chaque matin à la même heure, depuis qu'il a franchi ce qu'il a coutume d'appeler la « porte ouverte ».

3

LES PENSÉES SONT CHOSES CONCRÈTES

Peu de temps après qu'Arthur Ford se fut mis en contact avec moi, il m'annonça un matin :

« Nous allons débattre aujourd'hui de ce qui se passe lorsqu'un homme comme moi arrive ici, satisfait d'être débarrassé d'un corps encombrant et douloureux, avide de persévérer dans sa recherche du développement spirituel. En ce qui me concerne, je savais à quoi il fallait m'attendre. En effet, dans mes états de transe, j'avais déjà entrevu des gens qui se trouvaient de ce côté-ci, et je savais qu'ils étaient avec nous sur la terre, avec la même réalité que mes amis les plus proches. Ils étaient impatients de m'apporter leur aide et ont été heureux de m'accueillir chaleureusement, car ils m'avaient observé, hésitant, de l'autre côté. Notez bien que je n'avais nul désir de précipiter mon changement de lieu et d'état. Je cherchais à utiliser mon temps au mieux ; mais j'avais souvent maltraité mon corps – en particulier par l'abus de l'alcool –, de sorte qu'il n'était pas en aussi bon état qu'il aurait pu l'être si je l'avais ménagé et traité avec plus de soin. C'est là une leçon que devraient bien méditer ceux qui sont encore là-bas, de votre côté. Soignez votre corps, qui est le temple du Dieu vivant. Plus vous le considérez avec respect et mieux il répond à vos besoins.

» Or, comme le temps approchait pour moi de retourner ici – où j'ai souvent séjourné entre deux vies antérieures –, je sentais s'intensifier la puissance de mon esprit. Je devenais plus contemplatif et m'efforçais de préparer mon subconscient à la liberté qu'il connaîtrait bientôt, car c'est celui qui nous accompagne et qui demeure ensuite avec nous. C'est pour cette raison qu'il est bon, de votre côté du rideau, de laisser votre subconscient se développer en même temps que l'esprit conscient. Donnez-lui la possibilité de s'épanouir, de démontrer ses remarquables pouvoirs, au lieu de le brimer, de le brider et de laisser l'esprit conscient régner seul sur le cœur et le cerveau.

» Vers la fin de ma vie terrestre, après cette crise cardiaque qui devait m'être fatale, j'ai éprouvé d'une manière intense la sensation que mon heure était proche. Je puis même avouer sans ambages que je l'attendais avec une certaine impatience, cette heure, et que j'ai été heureux de me sentir soulagé de mes contraintes physiques. Alors que mon âme quittait mon corps terrestre épuisé, je me glissai dans mon corps astral avec une étonnante facilité. Cette légèreté, cette absence de contrainte, cette ivresse divine de se sentir désincarné, c'était là une sensation inexprimable. Quel merveilleux soulagement ! Quel honneur, aussi, de sentir que j'étais ici plus important que je ne l'avais jamais été, sans contraintes, sans barrières, sans souffrances physiques ou morales ! Quelle extraordinaire impression de se mouvoir à tout moment et en tous lieux sans avoir recours au chemin de fer ou à la marche à pied. C'est encore mieux que de se sentir redevenir petit garçon, car il n'y a ici ni barrières ni clôtures pour empêcher notre libre passage. L'esprit décide de l'endroit où il veut être, et il s'y trouve. On se sent aussi près de Dieu – aussi divin, en somme – qu'il est possible aux simples âmes de l'être.

» Au début de mon séjour ici, j'ai salué des amis, et j'ai cherché Fletcher qui m'attendait avec une chaleureuse impatience. Une âme pleine de noblesse que la sienne. Et dire que je l'ai connu petit garçon ! Il ne vous a pas oubliée, et il se souvient de l'aide que vous nous avez apportée, de votre courage pour lutter contre des forces supérieures et pour apprendre au monde le sens de sa mission et de la mienne. Eh bien, il peut désormais se reposer, car sa tâche est accomplie, et il a un choix à faire : ou bien s'élever dans des sphères plus hautes encore, ou bien retourner à une autre existence terrestre. Il n'a pas encore pris de décision, mais une chose est sûre : il ne se mettra en relation avec personne d'autre sur terre, et les médiums qui déclareraient avoir reçu des messages de lui seraient des imposteurs. Il a toujours affirmé que, dès mon arrivée ici, il se sentirait dégagé de sa mission. »

Un autre jour, comme pour mieux expliquer

la liberté dont il jouit maintenant, Arthur écrivait :

« La vie n'est pas ici tellement différente de celle que vous connaissez à votre niveau ; car, en fait, nous ne sommes pas dans un autre monde. Je suis avec vous tout autant que je l'étais lorsque nous bavardions dans votre living-room de Washington. Bien mieux, nous pouvons maintenant communiquer plus librement. Nous sommes ici ensemble ! C'est le premier point sur lequel il faut insister. Nous sommes sur la terre autant que vous pouvez y être vous-même ; mais, nous étant débarrassés de nos enveloppes charnelles, nous ne sommes plus soumis aux principes fondamentaux qui briment et freinent vos mouvements, entravent votre liberté. Nous sommes de purs esprits et, de ce fait, capables de traverser des objets inanimés – ou animés, d'ailleurs –, ces objets n'existant que sous forme de pensées ; et, nous apparaissant essentiellement comme des idées, ils ne sauraient être pour nous une gêne ou une entrave. Nous pouvons vivre dans des maisons qui n'existent que sous la forme de pensées ; sur des pentes ensoleillées qui bordent des cours d'eau ; en tout autre lieu. Mais cela n'a pas d'importance, puisque nous n'avons nul besoin d'habitation. Nous sommes aussi libres que le vent d'aller où nous voulons et à n'importe quel moment ; mais cela ne signifie pas que nous allions au hasard et n'importe où, car nous visons toujours un but précis. Ce qui compte, ici comme chez vous, c'est la croissance et l'épanouissement, et cet épanouissement serait irréalisable si nous errions constamment sans but.

» Notre but essentiel est évidemment le même que celui que vous connaissez sur terre : faire ce que Dieu souhaite nous voir accomplir. Il n'existe pas deux personnes absolument semblables, et nos missions, à travers les siècles, varient forcément avec les diverses personnalités terrestres dont nous drapons notre esprit. Ici, nous ne voyons pas véritablement Dieu, mais nous sommes conscients de sa bénéfique présence, comme le sont tous ceux qui, à un stade quelconque de leur développement, se sont adressés à Lui. Car nous sommes en Lui, et Il est en nous ; il n'existe aucune barrière entre Lui et nous. Il serait stupide de croire que le doigt d'une main peut agir tout seul, sans sollicitation du cerveau, n'est-ce pas ? Eh bien, il serait tout aussi ridicule de croire qu'une âme pourrait constituer une entité séparée de Dieu, qui est l'unique force créatrice. Nous sommes tous Un : vous et moi ; nos voisins et nos ennemis ; et notre Dieu. Nous sommes aussi responsables du salut de notre ennemi que nous le sommes du nôtre, attendu que nous sommes inséparables de lui dans le sein de Notre-Seigneur. Lorsque nous déclarons être cocréateurs avec Dieu, nous voulons dire qu'Il est une partie de nous-même, au même titre que nos orteils et nos doigts. »

Peut-être est-ce une conséquence de l'époque où il était ministre du culte, mais Arthur est toujours plus éloquent sur les problèmes spirituels le dimanche. Dès le début de notre collaboration au moyen de l'écriture automatique, c'était si évident que, le premier jour de chaque semaine, Lily annonçait un peu sèchement : « Et voici Art, avec son sermon dominical. »

Ford était mort depuis moins de trois semaines lorsque, le 24 janvier 1971, il écrivit :

« Je vous souhaite un bon dimanche, Ruth. C'est évidemment le jour idéal pour évoquer les aspects les plus spirituels de cette vie qui s'étend devant tous ceux d'entre vous qui êtes encore de l'autre côté du rideau ; et je dois avouer que je me réjouis d'avoir franchi la porte. Nous considérerons tout d'abord l'apparence de Dieu, seule force immuable et créatrice de toute chose. Sa puissance est si formidable que rien ne survivrait s'il venait à manquer ne fût-ce qu'un instant. C'est le ciment de l'univers, mais il n'est pas, comme d'aucuns voudraient nous le faire croire, un pur esprit : c'est une force formidable qui ne connaît rien d'autre que le bien. Il est la Vérité universelle, le Bien universel, le Tout universel. Pourtant, il y a place, dans l'orbite de cette force centrifuge, pour la dissonance, la cupidité, le mal sous toutes ses formes. Il y a du mal dans toute entité vivante qui tombe en dehors de cette harmonie universelle. Le seul remède consiste à retrouver cette parfaite harmonie au sein de laquelle le mal ne saurait exister. De temps à autre, nous revenons ici pour nous pénétrer de cette simple vérité ; car le manque d'harmonie est la source de tous les maux.

» Prenez une rose et examinez-la avec attention : les feuilles, la tige et les pétales. La perfection même, direz-vous. Un instant ! N'y a-t-il pas le moindre défaut ? Peut-être une feuille qui manque, ou bien un pétale un peu trop recourbé ? Dans cette hypothèse, est-ce la fleur que vous rendez responsable de cette imperfection ? Un insecte ? Le vent ? Ou encore quelque autre influence extérieure venue affecter la parfaite symétrie de la fleur ? Il s'est passé quelque chose. Mais quoi ? Dieu a créé le modèle auquel devaient se conformer toutes les roses de l'univers. Ce n'est donc pas Lui qui est responsable des éventuelles imperfections. Il en est de même pour l'homme. Dieu – ou si vous préférez cette force irrésistible – a conçu le modèle de l'humanité. Chacun des éléments s'intègre dans un tout parfait. Le premier homme à être apparu en chair et en os sur la terre était la perfection même. Que vous l'appeliez Adam ou que vous lui donniez un autre nom, il était la création de cette immense force centrale qu'est Dieu. Mais avec la venue d'autres humains – hommes ou femmes –, le conflit a surgi : l'antagonisme des esprits qui avaient vécu en bonne harmonie avec leur apparence charnelle, mais qui se sont ensuite querellés pour quelques misérables portions d'une terre où, pourtant, toute chose existait en abondance.

» Cette lutte a créé de mauvais modes de pensée ; et comme les pensées sont des objets, des erreurs ont commencé à faire leur apparition dans la constitution des êtres humains, certains présentant des malformations physiques ou des déficiences mentales. Et ces esprits ont continué à se réincarner jusqu'au moment où Dieu a envoyé un autre spécimen d'homme parfait en la personne du Nazaréen. C'était, de

nouveau, l'être sans défaut, le modèle dépourvu de toute imperfection, et certains ont
été assez sages pour Le suivre et adorer la perfection de ce fils de Dieu. D'autres – vous ne
l'ignorez pas – firent entendre leurs ricane-
ments ironiques et cherchèrent à éliminer
l'être parfait, à l'étouffer sous leurs appétits
coupables, leur cupidité, leurs manières cor-
rompues. Mais nous continuerons à rechercher
la perfection dans l'amour de Dieu. C'est là le
ciment qui nous relie tous à cette force centrale : la puissance de l'amour. Aussi faut-il
nous aimer les uns les autres, aimer Dieu et
nous aimer nous-même. Mettez-vous en harmonie avec cette force toute puissante. »

Tandis que notre dialogue se poursuivait de
jour en jour, Arthur se référait très souvent à
Dieu en tant que force, et je finis par lui demander : « Qui est Dieu ? Qu'est-Il ? En savez-
vous plus sur Lui que lorsque vous étiez sur
terre ? »

« Beaucoup plus, Ruth, me répondit-il aussitôt. Dieu est le centre de l'univers d'où tout le
reste est issu. Il est la vérité et l'énergie. Il est
matière et esprit, ainsi que toutes les choses de
la terre et des cieux. Il est Lui-même l'éternité,
Il est infiniment sage, et Il sait tout, même si
nous n'en avons pas toujours conscience. Il est
aussi l'essence de tout être, sans lequel rien ne
saurait exister. Il est la totale harmonie qui
maintient unies toutes choses de l'univers, si
bien que sans Lui et sans Sa présence, l'univers
se désagrégerait instantanément. Il est l'Éternel mais tellement transcendant que nous
sommes incapables de saisir sa plénitude. Sans

Dieu, il n'y a rien. Avec Lui, il y a la vérité et la lumière, l'harmonie complète et sans faille. Il est Lui-même la vie, et il n'y a pas de vie en dehors de Lui. Parce que nous sommes une partie de Lui, tout comme Il est en chacun de nous. Mais nous sommes, hélas! si imparfaits dans nos réactions et notre comportement que nous devons nous efforcer d'avancer et de progresser au sein des cycles terrestres jusqu'au moment où nous aurons atteint une perfection suffisante pour Le rejoindre en tant que cocréateurs. Il est la justice éternelle, et aucune chose imparfaite ne pourra jamais devenir partie intégrante de Lui-même. D'où nos incessantes tentatives pour retourner à l'état physique et essayer de gommer nos défauts et imperfections, afin d'être un jour dignes de nous identifier à Lui en tant que parties d'un tout immuable. »

Toujours aussi intriguée, je répliquai : « Tout cela semble faire de Dieu une force impersonnelle. Comment, dans ces conditions, peut-Il entendre nos prières ? »

Et Arthur de répondre :

« Dieu est conscient de toutes choses. Non seulement Il entend les prières, mais Il sait par avance ce qu'on va Lui demander. Il est la vérité suprême, la sagesse infinie, et sans Lui le monde serait plongé dans une éternelle et chaotique nuit. Il est lumière, vérité et amour. Il est notre Créateur et notre Père, et Il aime chacun de nous. Si nous L'approchons avec amour et confiance, tout comme nous nous adresserions à un être cher, Il est tout disposé à nous accorder ce qui correspond à nos intérêts particuliers, à condition que cela ne nuise à personne d'autre. Toutes les prières ne sont donc pas exaucées, mais uniquement celles qui proviennent d'un cœur fidèle et aimant. Il guérit, Il aime, Il réconforte. Il veille nuit et jour et en toute saison. Acceptez cette vérité, Ruth : Dieu est Tout. »

Le lendemain matin, Arthur déclara qu'il voulait m'expliquer la transition qui s'opère lorsqu'une âme s'endort pour se réveiller sous une forme spirituelle.

« Nous ne parlons pas ici, comme nous le ferons plus tard, d'une mort soudaine et inattendue, mais de la transition naturelle d'une âme qui se dépouille de son corps malade et souffrant. L'âme se glisse hors de son enveloppe terrestre sans la moindre douleur, sans la moindre sensation d'inconfort. À un certain moment elle est là, toujours soumise à son costume de chair, et, l'instant d'après, elle est dans ses vêtements célestes. Cela n'est pas aussi chimérique qu'on pourrait le croire, car cette opération a réellement lieu de cette manière pour peu que la transition ait été préparée. Nous nous éveillons dans le royaume de la beauté pure et de l'éternelle allégresse. Les arbres sont ici des arbres *réels*, et non pas les reflets que vous connaissez sur terre. Les fleurs sont des formes de pensée pure et donc plus exquises que tout ce que vous avez jamais pu voir de l'autre côté de la porte. Les oiseaux, les animaux, les demeures sont la perfection même, mais ce sont des formes de pensée.

» Dès que nous nous éveillons ici, nous percevons d'abord cet enchantement comme en

un rêve. Est-ce bien réel? Est-ce concevable
Certes, ce n'est pas concevable au plan purement humain et physique; mais ce l'est par la
force de l'amour. À ce stade, il n'y a rien que
nous ne soyons susceptibles d'obtenir; à l'exception d'un autre corps de chair, car cela est
en quelque sorte un droit qu'il faut gagner soit
par une longue préparation et une sérieuse introspection, soit parce qu'une mort soudaine
nous permet de retourner à la forme humaine,
si tant est que nous le désirions. Nous reparle-
rons de cela plus tard en profondeur.

» Supposons que nous soyons las de notre
vieux corps et impatients de poursuivre notre
vie dans ce vaste monde-ci. Pendant un certain
temps, nous nous reposons et aimons nous retrouver en compagnie de vieux amis. Selon
notre nature, nous sommes troublés ou calmes, heureux ou inquiets, tout comme nous
pourrions l'être au plan terrestre. Peu à peu, à
mesure que nous nous adaptons à la soudaine
altération de l'âme, nous nous rendons compte
que le temps passe vite et que nous devrions
déjà être au travail auprès de notre Père. C'est
à ce moment-là que notre vrai caractère commence à s'affirmer. Désirons-nous plonger
dans une ronde de réjouissances et de plaisir,
ou bien souhaitons-nous, au contraire, développer notre côté spirituel? Et si notre choix se
porte sur la seconde éventualité, la considé-
rons-nous en termes de croissance et de développement personnels, ou bien comme une
croissance et un développement de groupe? En
d'autres termes, voulons-nous cette transfor-
mation autant pour les autres que pour nous-

appelez-vous ce que je vous ai déjà
...ce humaine ne peut progresser que si
...vançons tous ensemble vers le but à at-
...re : la lumière et la perfection divines. En
conséquence, si nous souhaitons progresser rapidement nous-même, nous devons veiller à ce
que ceux qui ont des intérêts identiques ob-
tiennent eux aussi les moyens de progresser. »

Le lendemain, il reprit à l'endroit où il s'était
arrêté :

« Si une âme est souillée de gros péchés à
l'encontre d'autrui – les seuls qui soient graves –, cette âme restera en attente pendant
longtemps, à moins qu'elle ne soit tellement
chargée de mal qu'elle ne retourne apporter le
trouble chez ceux qu'elle a laissés derrière elle.
Ici, nous appelons cela de la "persécution". Il
arrive parfois que l'âme ne soit pas pleinement
consciente d'être passée du côté des esprits ;
aussi erre-t-elle au hasard, se demandant pourquoi personne ne lui prête attention sur le plan
physique. D'autres fois elle opère un retour vo-
lontaire, incapable de se délivrer des pensées
afférentes aux possessions du monde terrestre.
Pour ces âmes en peine, nous ne pouvons être
ici d'aucun secours. En revanche, elles peuvent
être aidées par les prières de ceux qui sont demeurés sur terre. Ne les oubliez donc pas dans
vos intercessions.

» D'autres encore arrivent ici inopinément, à
la suite d'accidents ou de faits de guerre, et
elles éprouvent un choc terrible en apprenant
qu'elles se trouvent dans le monde des esprits,
qu'elles ne pourront plus gagner de l'argent,
pratiquer leurs jeux favoris ou faire toutes

choses auxquelles elles étaient accoutumées. Pour nous, cette situation crée des problèmes, car, dans un premier temps, nous ne parviendrons pas à les convaincre qu'elles sont dans ce paradis dont elles avaient entendu parler aux premières années de leur existence terrestre. Nous nous efforcerons de le leur faire admettre peu à peu, car elles trouvent que tout est comme dans leur monde habituel, à l'exception de l'éclat des formes de pensée qui donne à toutes choses une clarté plus éblouissante que sur terre.

» Nous accueillons toujours un nouveau venu avec amour et les bras grands ouverts. Bien sûr, il est d'abord surpris, à moins d'avoir été préparé à ce pas par l'étude et la méditation. Il est affamé, et nous le rassasions ; il est assoiffé, et nous apaisons sa soif. La transition s'opère lentement, car il n'est pas encore habitué à l'idée qu'il n'aura plus besoin de nourriture ou de boisson. Il s'informe ensuite de ceux qui lui étaient chers et qu'il ne voit pas autour de lui. Certains sont encore sous la forme terrestre, d'autres se trouvent parmi nous, d'autres encore ont déjà atteint un stade supérieur, d'autres enfin ont été réincarnés et sont retournés sur terre. Nous lui conseillons alors d'attendre en lui assurant que, dans peu de temps, il aura une meilleure compréhension des faits ; jusque-là, il est libre d'agir à sa fantaisie. Il s'en va alors explorer la campagne, ébloui par la brillance des couleurs et la végétation luxuriante. Ou bien, souhaitant se retrouver dans une grande ville, il s'y trouve instantanément transporté, s'imprégnant des bruits de la cité et cherchant à échapper aux dangers de la circulation urbaine, avec autant de hâte que si c'était véritablement nécessaire. Pendant un certain temps, nous laissons libres les nouveaux venus d'agir exactement à leur guise. Mais nous sommes en permanence sur le qui-vive, et le jour vient où ils se lassent de cette façon d'exister et commencent à se poser des questions sur la nature de ce qui les entoure. S'ils sont de tempérament studieux, ils souhaiteront suivre des cours ; d'autres se joindront à des groupes qui s'essaient à établir des contacts avec la terre.

» Mais jetons un coup d'œil sur un cas particulier. Un homme arrive ici après une brève mais grave maladie. Il tressaille, s'éveille, ouvre les yeux de son corps astral et aperçoit une plaine herbeuse, un ruisseau qui la traverse et, au loin, une épaisse forêt. Tout cela semble fort attrayant, mais il croit que c'est un simple rêve, car il se rappelle avoir été malade. Il décide tout de même de faire quelques pas en direction du ruisseau, et il constate qu'il est capable de se déplacer sans effort ni douleur. Peut-être ce coin d'eau est-il poissonneux. Il n'y a personne dans les parages, tandis qu'il descend la pente herbeuse, et il se demande par quel miracle un ruisseau peut demeurer aussi brillant et pur de toute pollution. L'eau fait des rides et scintille, les poissons bondissent joyeusement dans le courant au milieu d'un poudroiement d'écume légère. L'homme regrette de n'avoir pas apporté sa canne à pêche ; et, à l'instant même, comme par miracle, il en apparaît une dans sa main. Il lance la ligne et ramène aussitôt un magnifique esturgeon. Il est transporté de joie et impatient de montrer cette belle prise aux enfants lorsqu'il va rentrer à la maison. Il continue néanmoins à pêcher, jusqu'au moment où il se rend compte qu'il a déjà trop de poissons pour lui, sa famille et ses amis. Il se demande alors où il a bien pu laisser sa voiture. À ce moment-là, il commence à prendre conscience du fait qu'il se trouve dans un étrange territoire. Comment y est-il parvenu ? Depuis quand se trouve-t-il là ? Cela ressemblerait fort à un rêve, n'était la présence des poissons qu'il peut toucher de ses doigts et dont il perçoit l'odeur par ses narines. Car nos corps astraux possèdent tous les sens du monde physique, et d'autres encore.

» Quelle étrange situation ! Il n'aperçoit sa voiture nulle part, et il n'a pas décelé le moindre signe de vie humaine. Il réfléchit à ce qu'il va faire maintenant. La lumière commence à baisser – du moins est-ce l'impression qu'il a – et il craint que sa famille ne se fasse du souci à son sujet. Soudain, il éprouve une formidable envie d'être chez lui. Et il s'y retrouve instantanément pour voir des gens qui se penchent sur son corps. Que font-ils donc ? Peut-être essaient-ils de lui faire absorber un médicament ? Mais non. Ce n'est pas sur un lit de malade qu'il se trouve, mais sur une table de la morgue. Il doit y avoir une erreur quelque part : ce sont là des choses impossibles. Il se précipite chez lui et constate que sa femme est vêtue de noir. Des voix assourdies. Des gens vont et viennent. Il y a forcément une affreuse méprise, car il semble bien que ce soit lui que l'on pleure, alors qu'il est là, tout proche, attendant d'étaler la plus belle pêche qu'il ait jamais faite. Sa femme lève les yeux sur lui, au moment où il s'apprête à franchir le seuil, et, au lieu de lui parler, elle se met à pleurer. "Qu'est-ce qui ne va pas, chérie ?" demande-t-il. Mais seul un silence oppressant accueille cette question pourtant parfaitement logique.

» Il s'avance lentement vers sa femme, attire doucement sa tête contre lui et demande de nouveau : "Pourquoi pleures-tu ? Je ne me suis jamais senti aussi bien qu'en ce moment ; alors sèche tes larmes. Nous allons manger du poisson pour le dîner." Elle ne répond pas. Il est déconcerté. Pourquoi tous ces gens agissent-ils de manière aussi bizarre et refusent-ils de lui parler ? Qu'a-t-il donc fait pour offenser ses parents et ses amis ? Il laisse tomber le poisson et se dirige vers la table de la cuisine. Quand toutes ces personnes se décideront-elles à rentrer chez elles, pour que sa femme puisse venir l'aider à préparer le repas ? Il voudrait que ses poissons soient déjà écaillés et vidés ; mais quand il jette de nouveau les yeux dessus, il est surpris de constater qu'ils sont prêts à être frits. Sa femme a dû se glisser dans la cuisine et s'en occuper pendant qu'il sommeillait. Il n'a pourtant pas l'impression d'avoir dormi. Il a beau l'appeler par la porte ouverte, elle ne vient pas. Il est vraiment navré de voir sa salle de séjour remplie de personnes dont aucune ne semble lui prêter la moindre attention. C'est alors qu'il s'écrie : "Je pourrais aussi bien être mort." Et il n'a pas plutôt prononcé ces mots qu'il se retrouve dans la prairie herbeuse, près du ruisseau. Mais cette fois, il y a là d'autres personnes qui admirent le paysage. Craignant d'être ignoré comme il vient de l'être par sa famille, il lance un timide "bonjour !" et, aussitôt, il est chaleureusement entouré. On lui parle de sa pêche, on lui demande si le site lui plaît, on veut savoir d'où il vient.

» Il explique qu'il a égaré sa voiture, et une des personnes présentes l'informe qu'il n'en aura plus besoin, parce qu'il peut désormais se rendre sans difficulté partout où il le désire. Ces paroles l'intriguent à un tel point qu'il sombre dans une profonde stupeur. Quand il revient à lui, toutes les personnes ont disparu ; à l'exception d'un homme à la longue barbe blanche qui lui dit : "Fiston, il est temps pour nous d'aller à l'école." – "À l'école ? s'écrie-t-il. Mais tout cela est du passé. Vous avez dû y aller, vous aussi, il y a bien longtemps." – "Il s'agit d'une école différente, réplique le vieillard. Celle dont je parle est la vraie : on nous enseigne à nous souvenir, à oublier, à tout savoir sans avoir rien appris."

» Notre homme est de plus en plus intrigué, mais il suit néanmoins le vieillard jusqu'à une école où plusieurs inconnus sont assis dans une sorte de salle de classe. L'un d'eux ressemble à un avocat qu'il a connu au Lions Club, mais il se trompe sûrement, car il sait bien que l'homme de loi est mort la semaine précédente. Le silence se fait soudain, et le vieillard prend la parole. "Je présume, dit-il, que chacun d'entre vous connaît la raison de ma présence ici." Mais le nouveau venu lève la main et proteste : "Non, monsieur, je l'ignore.

Pourquoi suis-je ici?" Les autres se tournent vers lui, et il voit dans leurs yeux qu'ils le comprennent. Il paraît évident qu'ils se sont, eux aussi, posé la question, mais qu'ils ont déjà reçu la réponse. Le vieillard reprend alors d'une voix lente : "Écoute-moi bien, mon fils, car cette leçon est une des plus importantes que tu apprendras jamais. À tous ceux d'entre vous qui êtes rassemblés ici, je déclare que nous accueillons James dans notre royaume des esprits. Il ne s'est pas encore adapté au changement survenu dans son existence, mais vous avez tous récemment été victimes de cette confusion, et nous allons l'aider à franchir les obstacles les plus difficiles. James, nous sommes tous très proches de vous, et vous ne serez jamais seul au milieu de votre incertitude. Il vous faut seulement accepter le fait que, momentanément, votre famille et vos amis ne pourront ni vous voir ni vous parler, bien que vous puissiez, de votre côté, entrer en communication avec eux. Cela prouve que vous êtes plus vivant qu'ils ne le sont eux-mêmes, car vos facultés ont considérablement grandi depuis que vous avez quitté votre enveloppe terrestre. Pour le moment, ils considéreront que vous avez disparu et vous imagineront sous terre. Quelle tristesse! Mais c'est ici que vous reprendrez votre leçon demain."»

Arthur interrompit là ses explications. Le lendemain, il fit une digression pour déclarer que ce livre devait être l'histoire du « véritable exode des différents types d'âmes depuis l'existence physique jusqu'à l'existence spirituelle.» Puis il poursuivit :

56

« Ceux qui veulent des demeures les trouveront prêtes, et ceux qui souhaitent la nourriture spirituelle l'auront en abondance, car toute la question est là : le matériel contre le spirituel. Et il appartient à chaque âme de choisir son chemin.

» Revenons maintenant à notre pêcheur d'hier. La pêche était sa distraction favorite lorsqu'il était sur terre, et il avait rêvé, avant de nous rejoindre ici, de faire une pêche miraculeuse dans un site merveilleux. Mais il a été consterné de constater que nul n'était disposé à l'aider à la cuisson de son poisson. Les "vivants" ne pouvaient pas partager son plaisir parce qu'ils ignoraient qu'il était présent au milieu d'eux. Au bout d'un certain temps, il commença à se rendre compte qu'ils ne pourraient plus le voir et que sa nouvelle existence était plus contraignante que la précédente, avec des règles si solidement établies qu'il n'avait aucune raison ni de les contester ni d'essayer de s'y soustraire. Il est maintenant à peu près bien adapté et ne hante plus les abords de son ancienne maison. Il apprend que chacun d'entre nous a parcouru ce même chemin et que plus tôt nous parviendrons à comprendre notre nouveau mode d'existence, plus tôt nous connaîtrons la félicité. Ainsi que je l'ai déjà expliqué, ce monde-ci est un endroit où l'on travaille et les fainéants ne flânent qu'à leurs risques et périls. Nul ne les contraindra au labeur, mais ils n'avanceront pas dans leur développement, ils ne sortiront jamais de leur stade embryonnaire tant qu'ils ne comprendront pas que leur avenir dépend d'eux-mêmes. »

4

ORDINATEURS CÉLESTES

J'éprouvais une profonde sympathie pour ce pauvre pêcheur dont nul n'était en mesure d'admirer la prise sensationnelle, mais Arthur me fit bientôt observer qu'il existait, dans le monde des esprits, d'autres personnes placées devant des problèmes plus graves.

«Ceux qui éprouvent le plus de difficulté à s'adapter en arrivant ici, écrivait-il, sont les humains qui ne croyaient pas à une autre vie ou y étaient si mal préparés qu'ils ne tentent même pas de s'adapter à des conditions imprévues. Par exemple, un athée convaincu se réveille soudain de notre côté, après avoir déclaré tout au long de sa vie terrestre qu'il n'existait rien au-delà de la tombe. Il est d'abord étonné, puis irrité, parce qu'il éprouve l'impression d'être la proie d'une hallucination et que tous ceux qui essaient de l'aider ne sont que des produits de son imagination. Peu à peu, il est obligé de reconnaître, à contrecœur, qu'il était dans l'erreur, et dès que point l'aurore, il est impatient et même avide de tout savoir sur ce monde dont il ignorait totalement l'existence.

» Prenons maintenant l'exemple d'une personne délibérément athée. Elle était, durant sa vie terrestre, tellement convaincue qu'il n'y avait ni Dieu ni au-delà qu'elle passait son temps à maltraiter les autres et refusait même de tendre une main secourable à ceux qui en avaient besoin, comme l'aurait fait tout honnête citoyen. Lorsqu'elle arrive dans le royaume des esprits, elle éprouve d'abord une violente fureur, car elle se trouve dans une situation qu'elle a elle-même créée, entourée d'autres âmes cupides qui, parce qu'elles se trouvent dans une situation semblable, l'accueillent joyeusement au sein de l'enfer qu'elles se sont créé elles-mêmes. Elle en est choquée, car ce ne sont pas là des gens avec qui elle aurait souhaité entretenir des relations. Ils sont grossiers et mal élevés, tandis qu'elle est, elle, distinguée, instruite et collet monté, bien qu'elle ne se soit jamais souciée de personne d'autre que d'elle-même. Elle tente donc d'échapper à ce groupe de personnes qui lui paraissent si éloignées d'elle, mais elles ne cessent de l'entourer. Elle appelle à l'aide mais nul ne souhaite pénétrer à l'intérieur de ce groupe pour lui porter secours. Elle a, pour ainsi dire, creusé sa propre tombe, et est condamnée à y demeurer un certain temps.

» Elle est extrêmement malheureuse car elle commence maintenant à prendre conscience de la sottise qui a été la sienne; mais elle ne sait comment conjurer le destin. Nous la laissons dans son incertitude jusqu'au moment où le remords de ses fautes commencera à s'insinuer en elle, où elle reconnaîtra qu'elle a gâché toute une vie précieuse en ne songeant jamais qu'à elle-même. Lorsqu'elle a atteint son plein repentir, elle peut alors se libérer des créatures impénitentes qui l'entouraient; ensuite, elle peut se mettre à la recherche de son âme véritable et faire son examen de conscience, en quelque sorte. Mais il s'agit parfois d'un fort long processus, car elle doit parcourir ce chemin dans la solitude. Elle seule est capable d'inventorier ses torts et de chercher le pardon, bien que d'autres soient disposés à lui tendre la main si elle le désire. »

Ford tourna ensuite son attention vers les personnes décédées de mort violente.

« Aujourd'hui, nous allons parler de ceux qui, n'étant pas encore préparés à leur voyage, se retrouvent soudain ici, victimes d'accidents, de crimes ou de guerre. Ils sont d'abord étonnés de se voir de ce côté-ci du rideau, surpris aussi que ceux de votre niveau ne reconnaissent plus leur présence. Néanmoins, s'ils n'étaient pas hostiles à la conception d'une autre vie, ils s'adaptent aussi rapidement aux circonstances nouvelles. Ils demeurent parfois en sommeil un peu plus longtemps que ceux qui, après une longue maladie, ont conscience de l'approche de la mort; mais s'ils n'ont pas commis de fautes graves, nous sommes nombreux ici à vouloir les aider, à souhaiter faciliter leur insertion; dans ce cas, ils comprennent rapidement, et il arrive même qu'ils soient plus impatients que les autres de se plonger dans les tâches nouvelles qui les attendent.

» En revanche, ceux qui sont pleins de ressentiment ont une intégration plus difficile.

C'est quelquefois le cas de soldats que l'on a lancés dans la bataille contre leur gré, qui en éprouvent de la rancune et laissent éclater leur fureur de se retrouver privés de leurs jeunes corps pleins de virilité. Je dois tout de même préciser clairement que tel n'est pas le cas de tous les soldats. Je ne veux parler que de ceux qui, pleins d'amertume et de rancœur, refusaient de donner leur vie pour la liberté de l'humanité, convaincus que la guerre dans laquelle on les avait plongés était injuste. Ils éprouvaient alors un sentiment de révolte, et ils n'ont pas changé d'idée, à moins que de bonnes âmes ne parviennent à les convaincre qu'ils se causent du tort à eux-mêmes et nuisent à leur développement spirituel; car il ne vaut rien de vivre dans un état permanent de trouble émotionnel, pleins de ressentiment envers des événements que nous sommes incapables de maîtriser.

» Nous allons aborder maintenant le cas de ceux qui arrivent ici après avoir eu une vie sentimentale si perturbée qu'elle les a conduits au suicide. Nul n'a le droit de détruire la vie qu'il a en lui, pas plus que l'on n'a le droit de prendre celle d'une tierce personne, chacune de ces vies étant une partie de Dieu. Ces personnes, si elles ont été mues par une crise de folie momentanée, doivent être bientôt à même de surmonter les égarements qui ont été à l'origine de la crise; et tandis que leurs forces nouvelles commencent à saisir le problème pour tenter de comprendre ce qui les avait conduits à cette crise temporaire de démence, ils s'adaptent à leur nouvel état presque aussi rapidement que ceux qui sont décédés de mort accidentelle.

» D'autres n'ont pas autant de chance, car leur dialectique personnelle les a conduits à détruire délibérément leur corps, croyant qu'ils allaient aussi, de ce fait, détruire leur âme. N'ayant évidemment pu parvenir à ce dernier résultat, leur problème n'a fait que s'aggraver, car rien n'a été résolu, mais seulement repoussé jusqu'à leur prochaine vie sur terre, à une date indéterminée et peut-être très éloignée. Ils sont donc ce que nous appelons des âmes en peine. Ils vivent sans trêve avec en eux-mêmes la honte de leur acte et l'amertume de n'avoir pu résoudre leur problème lorsqu'ils étaient sur terre, ce qui eût été bien plus facile à réaliser que ça ne l'est ici. Voyez-vous, ce n'est pas à notre niveau qu'il est possible de résoudre les problèmes terrestres, à savoir l'interminable processus souvent compliqué et tortueux qui consiste à revenir sans cesse sur les fautes et les péchés passés, à les rabâcher sans trêve pour tâcher de savoir ce que cette âme en peine devra encore endurer lorsqu'elle se réincarnera.

» Les meurtriers éprouvent, bien sûr, un égal tourment, devant affronter l'horreur d'être incapables de rendre la vie physique à leur victime, dont l'âme se trouve maintenant de notre côté. Et ils souffrent mille tourments pour avoir manqué une occasion de développer leur karma pendant qu'ils étaient encore en possession de leur corps physique. Il n'existe aucune manière rapide d'expier un tel péché contre la personne de Dieu. Ils traversent donc une période pénible et douloureuse jusqu'au moment où ils se sentent assez forts pour se réincarner et aller réparer sur terre la faute précédemment commise.

» Nous en arrivons maintenant à ceux qui sont malades et attendent la mort qui les délivrera de leur souffrance. Ce sont en général les âmes qui s'intègrent le plus aisément, car elles éprouvent une sensation de sécurité et de bonheur. J'ai certainement été une de ces âmes privilégiées ; car, tout en ayant fait l'impossible sur terre pour tenter de prouver l'existence éternelle de l'esprit, j'ai souffert dans mon corps au point de souhaiter bien souvent la délivrance que m'a apportée mon passage dans ce monde-ci. Ceux qui ont connu une traversée normale rayonnent de joie, parce qu'ils ont le cœur débordant d'amour pour les âmes de leurs semblables et qu'ils ne se laissent arrêter par aucun obstacle lorsqu'on fait appel à eux. Certains s'occupent de bébés récemment arrivés ici et qui n'ont pas leur mère auprès d'eux. D'autres aident les nouveaux venus à s'adapter à notre niveau ; d'autres encore s'emploient à consoler les déshérités que l'on tient à l'écart chez vous, leur offrant affection et les guidant sur leur chemin.

» Nous arrivons ensuite au type d'individu qui éprouve la sensation de se trouver en un autre endroit et à un autre moment de son existence, mais qui est incapable d'en comprendre la raison. Il n'a jamais eu une pensée pour le prétendu "au-delà" et ne s'est donc pas préparé à sa mutation. Il est d'abord désorienté, puis si intrigué qu'il ne cesse de poser des questions : "Qu'est donc ceci ?" – "Pourquoi les gens ne me répondent-ils pas lorsque je prononce leurs noms ?" – "Pourquoi ma femme accomplit-elle sa tâche journalière sans écouter ce que je peux avoir à dire ?" Toute cette vie nouvelle le déconcerte tellement qu'il ne cesse de chercher des réponses à des questions qu'il aurait dû se poser bien plus tôt, alors qu'il était sur terre.

» À moins qu'il n'accepte de démarrer une nouvelle période de développement, il plonge peu à peu dans l'abattement. Il voudrait poursuivre son ancienne course au succès et à l'argent. Mais, après un certain temps, quelques-uns des personnages les plus anciens le prennent pour ainsi dire en main et gagnent progressivement son attention. Ils l'accompagnent partout, lui parlant de perspectives nouvelles qui l'attendent dès qu'il se sera mis en paix avec son ancien ego qui a encore tendance à s'évader vers la terre. Il faut parfois beaucoup de temps pour parvenir à lui faire comprendre que la route qui s'étend maintenant devant lui est la seule valable pour son évolution, et il parvient lentement à se défaire des liens qui le retenaient si fort aux choses terrestres.

» Alors, il commence à observer autour de lui et à s'adapter aux méthodes en usage à notre niveau : introspection sereine, serviabilité envers autrui, méditation et examen critique de ses actes passés. Cela dure le temps qui lui est nécessaire pour inventorier ses fautes et parvenir à la résolution de mieux faire dans le futur. S'il est pris du désir de prouver qu'il a bien assimilé ses leçons, il cherche parfois la première occasion de se réincarner dans le ventre d'une femme; et, lorsque son tour viendra, il aura le choix entre celles qui seront capables de lui offrir la meilleure possibilité de résoudre les problèmes qu'il est maintenant déterminé à affronter. »

À ce stade de notre entretien, je demandai à Arthur de me fournir une explication plus étendue sur le procédé par lequel une âme se réincarne dans un corps physique. Il me répondit que l'occasion ne se produit habituellement que lorsque l'esprit a eu «assez de temps pour décider des qualités qui lui sont absolument indispensables pour son développement futur».

«Lorsque ce choix a été effectué, poursuivit Arthur, le candidat doit trouver une situation où il aura le plus de chances d'affronter les épreuves susceptibles de développer sa personnalité et son caractère, afin de pouvoir rembourser par anticipation les dettes du karma. S'il lui faut de la patience, il cherchera une situation où son impétuosité sera souvent mise à l'épreuve. S'il a besoin d'apprendre à aimer, il devra opter pour un endroit où cette qualité ne se trouve pas en abondance, de sorte qu'il pourra comparer son ardeur avec ceux qui n'ont pas encore appris à donner de l'amour. Et voilà. S'il a gagné le droit de choisir ses parents, il se mettra à chercher autour de lui ces âmes qu'il a peut-être connues au cours d'une précédente existence, celles avec qui il entretient des liens karmiques, bons ou mauvais.

» Parmi celles qui ont conçu et attendent des bébés, il optera pour le sexe qu'il désire, et aussi pour les possibilités d'instruction s'il est attiré par la culture. Lorsqu'une âme qui cherche à se réincarner manifeste sa préférence, elle doit obtenir l'autorisation d'une sorte d'ordinateur céleste, comme nous le disons ici. Il s'agit d'un système de classement assez complexe pour confondre n'importe quel cerveau humain, mais parfaitement logique, car il y a toujours en même temps un grand nombre d'âmes qui désirent repartir. Et s'il y a une compétition excessive à propos d'un "véhicule" particulier – c'est-à-dire une mère, pour employer le terme en usage sur terre –, les différents titres et qualités sont enregistrés et mis en mémoire, l'ordinateur choisissant ensuite automatiquement l'âme qui convient le mieux à une mission déterminée.

» Dans le monde physique, l'idée de l'ordinateur a germé dans les esprits d'hommes qui avaient vu fonctionner ici un tel système, exactement comme Edison et beaucoup d'autres l'ont fait avec leurs prétendues inventions. "Que la lumière soit, et la lumière fut" – vous vous rappelez ? Le système d'Edison a fourni sous une forme terrestre ce que nous faisons ici sous une forme sensiblement identique en domestiquant les éléments naturels qui ont toujours été destinés à l'usage de l'humanité.

» L'âme qui obtient satisfaction rôde pendant un certain temps autour des parents, de manière à s'assurer qu'elle est bien prête à retourner à la forme physique ; et lorsque le moment est propice, lorsque la conception physique a eu lieu, elle s'introduit dans le corps du nouveau-né, en principe au moment de l'accouchement, mais parfois un peu avant ou un peu après. Il ne faut évidemment pas tarder, car si l'âme éprouvait une trop longue hésitation, le bébé ne vivrait pas. »

Je demandai alors ce qui se passe dans le cas d'un bébé mort-né.

« Le corps n'étant pas parfait, une âme ne saurait y pénétrer. Il faut alors qu'elle se mette de nouveau en quête d'un véhicule qui lui convienne, ou bien attendre que ces mêmes parents aient conçu un autre enfant, dans le cas où elle tiendrait à demeurer avec eux. Le bébé Kennedy est un exemple typique. Étant dans l'impossibilité de rejoindre ses parents antérieurs lorsque le corps s'est avéré incapable d'entretenir la vie, il a décidé d'attendre une autre occasion. Mais cette occasion ne s'est jamais présentée, de sorte qu'il se trouve toujours de notre côté et est souvent en compagnie de son père et de son oncle. »

Durant toute la journée, je me creusai la tête pour essayer de comprendre cette méthode de sélection des parents. Le lendemain matin, Arthur aborda sa dissertation quotidienne en ces termes :

« Parlons maintenant de cet ordinateur céleste qui vous intrigue tellement. Lorsqu'une âme souhaite se réincarner, elle met en mémoire les aptitudes et talents qu'elle croit avoir en partage, ainsi que les raisons pour lesquelles son choix s'est porté sur un "véhicule" particulier pour se réincarner. Ces renseignements s'intègrent dans un cadre général avec ceux fournis par d'autres âmes ayant sollicité un type de parents similaire. Les matériaux fournis étant classés et examinés, l'âme qui présente les caractéristiques les plus valables dans le cas considéré sera automatiquement sélectionnée. Les autres sauront qu'elles doivent continuer à chercher un autre "véhicule" mieux adapté à leurs capacités.

» Je me rends compte que, pour ceux qui sont encore sur terre, tout cela peut paraître nébuleux et peu convaincant ; pourtant, il s'agit d'une procédure parfaitement logique. Ne perdez pas de vue que nous agissons ici par l'intermédiaire de ce qui correspond approximativement à votre "perception extra-sensorielle". Mais, étant donné que nous n'avons pas besoin d'instruments mécaniques pour communiquer, tout cela se fait au moyen d'un cadre de pensées. »

Je l'interrompis un instant pour lui demander des explications sur les âmes qui entrent dans des corps contrefaits.

« Chose étrange, me répondit-il, il se trouve autant de candidats pour ces corps de nouveau-nés que pour ceux qui sont normaux et en bonne santé ; et cela découle d'une leçon capitale que l'on apprend ici. Plus grand est le handicap physique du bébé, plus l'âme a de chances de rembourser ses dettes du karma et d'atteindre une croissance spirituelle rapide. Les obstacles ne sont que des tremplins lorsqu'ils sont franchis avec succès, et si l'âme réincarnée est capable de surmonter les handicaps physiques qu'elle rencontre, elle grandit et progresse plus vite qu'une autre qui, apparemment et d'après les normes terrestres, paraît avoir tout ce qu'il faut pour vivre. La récompense ne réside pas dans la forme physique mais dans le développement spirituel, et plus grand est le nombre d'obstacles surmontés dans une vie terrestre, moins souvent l'âme aura, par la suite, besoin de retourner à la forme physique pour adoucir les endroits rugueux de son caractère. »

Je lui demandai ensuite de bien vouloir me parler de ceux qui souffrent d'une déficience mentale innée, ou bien acquise dans la prime enfance.

« Ce sont là, me répondit Arthur, des cas tellement dramatiques qu'il nous est toujours pénible de les évoquer. Il s'agit d'âmes tellement acharnées à payer leurs dettes karmiques qu'elles sont prêtes à endurer cette torture pour avancer dans le domaine spirituel. Il arrive parfois qu'elles soient volontairement désignées pour habiter des corps handicapés dans un but d'expiation pour des péchés commis au cours de vies antérieures. D'autres fois, si elles se repentent sincèrement de fautes graves, elles ont volontairement choisi de se réincarner dans un corps physiquement ou mentalement handicapé ; mais, dans la plupart des cas, elles ont été désignées par des forces supérieures qui ont choisi avec compassion ce corps pour y loger une âme tellement troublée et torturée par ses méfaits passés qu'elle a été incapable d'opérer un choix personnel. La médecine affirme que la lésion au cerveau est la conséquence d'une malformation du fœtus ou d'une blessure au moment de la naissance. Et telle est bien la vérité ; mais l'âme qui pénètre dans le corps du bébé à ce moment-là en est parfaitement consciente et est de ce fait prête à faire pénitence pour l'expiation de ses fautes passées. »

Je voulus ensuite avoir des détails sur les blessures graves qui peuvent se produire ultérieurement, au cours de l'enfance ou de la jeunesse.

« La chose est parfois totalement imprévisible, me déclara Arthur, et impossible à éviter en raison de circonstances qui échappent au contrôle de l'âme habitant le corps ; mais, le plus souvent, l'âme a inconsciemment ressenti le besoin d'expiation et a volontairement permis à l'accident de se produire, dans le dessein de payer de vieilles dettes. »

Comment l'âme qui se réincarne se détermine-t-elle sur le plan sexuel ?

« Le plus souvent, elle reprend le sexe qu'elle a préféré au cours de ses vies précédentes ; il arrive toutefois qu'elle choisisse le sexe opposé, afin d'apprendre certaines qualités qui sont plus aisément comprises par un sexe que par l'autre. Prenons l'exemple de la douceur. Un homme qui a été brutal choisira parfois de se réincarner dans un corps féminin, afin de se familiariser avec cette qualité et les situations où elle est indispensable. Considérons maintenant le courage. Une femme qui a été peureuse et timorée dans le cours de ses vies antérieures peut parfaitement choisir de se réincarner dans le corps d'un enfant du sexe masculin, afin d'apprendre à surmonter ses terreurs physiques.

» Je vais vous exposer maintenant le cas d'une femme frappée de paralysie qui se demandait pourquoi elle devrait supporter une telle épreuve alors que sa vie présente lui paraissait irréprochable. Eh bien, nous découvrons dans nos archives que cette femme a été autrefois, dans l'ancienne Rome, un soldat rempli de cruauté qui prenait plaisir à effrayer les autres jusqu'à les voir trembler de peur. Il lâchait même des bêtes fauves sur des chrétiens, pour le plaisir de les voir mourir de terreur. Il n'est donc pas surprenant que, dans un but d'expiation, une telle âme ait choisi de revenir dans le corps d'une faible femme craintive. En menant une vie exemplaire en dépit de sa paralysie, elle sera à même de progresser sur le plan spirituel.

» Considérons enfin un homme qui souhaite être aimé de tous et se livre à des actes de générosité afin de gagner l'amour de ses semblables. Les gens supportent son infirmité parce qu'il est toujours bien disposé à leur égard, bien qu'ils éprouvent de la répulsion à la vue de l'horrible cicatrice qui défigure son visage. Quel dommage, pensent-ils, qu'un homme aussi plein de bonté ait à porter une aussi lourde croix. Ils ont raison, mais l'homme a été assez fort pour choisir lui-même ce handicap expiatoire. En effet, dans une vie antérieure, il avait si violemment frappé un enfant au visage que les os avaient été brisés et que la blessure avait entraîné la mort. "Œil pour œil, dent pour dent", dit la Bible. C'est pourquoi nous savons tous, ici, que nous devons nous acquitter de nos dettes passées, si lourdes soient-elles, avant d'être dignes de rejoindre notre Créateur.

5

LE TEMPLE DE LA SAGESSE

Le corps d'Arthur Ford fut incinéré et, pour se conformer aux dernières volontés du défunt, ses cendres furent dispersées au-dessus de l'océan Atlantique, au large de Miami. Moins d'un mois plus tard, il commença à aborder, au cours de nos entretiens, un nouvel aspect de sa vie éternelle.

«Après avoir salué de vieux amis et avoir eu plusieurs conversations avec Fletcher, je me mis en quête du temple de la sagesse, dont mes précédents passages ici m'avaient laissé un vague souvenir et que j'avais parfois entrevu au cours de mes transes sur terre.

»Je n'eus pas longtemps à chercher, et j'y parvins sans que personne m'en eût indiqué l'emplacement. Il se dressait au-delà d'une colline verdoyante, au bord d'un ruisseau au doux murmure. De style rustique mais si merveilleusement adapté au cadre, il semblait faire partie intégrante de ce paisible paysage. Les professeurs m'y attendaient et m'accueillirent avec joie, heureux de savoir que je n'avais jamais tout à fait perdu le souvenir de ses merveilles et de sa beauté de pensée. Les chaises étaient disposées en demi-cercle et, tandis que je reprenais ma place habituelle, le plus âgé des professeurs s'écria : "Nous avons à peine remarqué votre absence." Cette simple réflexion me fit du bien, car mes quelque soixante-dix ans au niveau terrestre m'avaient paru bien longs ; mais ici, cette période avait passé comme en un clin d'œil. Nous reprîmes donc nos leçons à l'endroit où nous les avions laissées près de trois quarts de siècle plus tôt, tout comme si le temps avait suspendu son vol durant mon absence.

» Le maître aborda le sujet de la méditation, me rappelant combien il était important de poursuivre ce processus, aussi bien ici que dans le monde physique, car c'est notre lien souverain avec le cœur de Dieu. Il est donc essentiel pour l'humanité de s'adonner journellement à la méditation. Même un nouveau-né doit continuer à méditer pour sentir l'unicité avec son Créateur.

» Je veux préciser, Ruth, que les membres de mon groupe au temple de la sagesse n'ont pas hésité à me donner leur approbation en ce qui concerne nos entretiens quotidiens, et ce, jusqu'à l'achèvement de votre manuscrit. En effet, ils ne sont pas moins anxieux que moi de voir mon message largement diffusé pour le bénéfice de tous. Lorsque ce travail aura pris fin, d'autres tâches m'appelleront, les maîtres souhaitant me faire suivre des cours d'instructeur, afin que je puisse les seconder dans l'initiation des nouveaux étudiants qui arriveront. C'est là pour moi une remarquable récompense, due au fait que je sois demeuré, durant mon dernier séjour parmi vous, fidèle à la méditation quotidienne que j'ai toujours défendue et encouragée dans mes conférences et mes discussions de groupes. Si j'avais eu une attitude différente, j'aurais été considéré ici comme un vulgaire débutant, et ce, pour une période illimitée, puisque ce que vous appelez "le temps" n'existe pas de ce côté-ci de la porte.

» Permettez-moi de vous en dire un peu plus sur notre temple de la sagesse. Il existe sous sa forme actuelle depuis le commencement des temps, et on en a construit des imitations dans les anciennes villes de Thèbes et d'Athènes. Ceux-ci étaient, bien entendu, conçus par des hommes qui avaient connu le nôtre et qui, revenus sur terre, en avaient conservé un souvenir suffisamment précis pour le reproduire.

» Essayez d'imaginer un bosquet au flanc d'une pente herbeuse, le soleil qui filtre entre les feuilles pour aller inonder la clairière de sa lumière tamisée. Voici notre temple de la sagesse, retiré dans sa sérénité, orné de ses parements divins d'ombre et de soleil. Lorsque commencent nos leçons de pensée pure, les oiseaux se taisent; mais, durant les périodes de méditation, ils lancent des trilles célestes qui semblent contenir l'harmonie de l'univers tout entier. Cette musique enivrante me pénètre jusqu'au plus profond de l'âme et semble me lier intimement à toutes choses vivantes. Ces merveilles sont proprement indescriptibles, et pourtant beaucoup d'entre elles ressemblent à ce que chacun de nous a connu sur le plan terrestre. La lumière est d'une incessante et incomparable pureté, car ce n'est pas véritablement le soleil qui la contrôle. Les montagnes sont éternellement encapuchonnées de halos mystérieux. Les arbres sont en parfaite harmonie, et chacun semble parler avec une voix qui lui est propre. Les chants des insectes et des oiseaux sont d'une beauté sans pareille, et du vaste univers montent des vibrations trop harmonieuses pour avoir été conçues par l'esprit des hommes.

» Considérons un autre aspect de notre temple de la sagesse. Celles des âmes qui se trouvent dans un état de progression intéressant se rassemblent selon leurs propres besoins. Lorsque nous nous réunissons le dimanche durant une heure pour chanter les louanges du Créateur et faire circuler la sébile de la quête, il n'y a ni sermon ni service, comme cela se passe sur terre. Chacun prend ce dont il a besoin, et la coupe n'a jamais besoin d'être remplie, car la sagesse est sans fond. Tout en avançant progressivement sur le chemin de notre développement spirituel, nous nous approchons de la sagesse et de la sainteté, et Dieu présent dans ce temple déverse en notre âme des flots de ravissement et de béatitude. »

Comme pour la dictée de Lily, il y a une dizaine de jours, je n'ai jamais été capable de me rappeler ce qu'Arthur Ford a écrit par mon intermédiaire, jusqu'au moment où, à une date ultérieure, je suis revenue sur certains passages importants. Mais sa mémoire à lui est sans faille. Le lendemain matin, il commença en ces termes :

« Le temple de la sagesse dont j'ai parlé hier n'est pas ouvert à tous ; il est réservé à ceux qui, par leur longue expérience du développement de l'âme, ont acquis sur terre la facilité de méditer et de communier avec la force universelle. Nous qui n'avons pas gagné ce droit sommes grandement privilégiés de ce côté-ci, parce que, ayant évité de perdre du temps durant notre séjour terrestre, nous sommes capables de progresser plus rapidement. Je souhaite que tous ceux qui liront ces mots comprennent l'importance de ce que je viens de dire. Je voudrais qu'ils sachent l'enthousiasme et la satisfaction que nous éprouvons en poursuivant ce genre d'études sur l'esprit et l'âme de l'homme. Alors, ils seront aptes à avancer rapidement, de sorte qu'ils n'auront besoin que d'un petit nombre de retours à la forme humaine.

» Certains d'entre nous ont subi sur terre l'influence de quelques messieurs "Je-sais-tout" qui ont contesté nos conclusions et se sont gaussés de nos efforts à prouver l'immortalité de l'âme à travers la communion entre les vivants et les morts. Nous avons supporté les moqueries en conservant notre confiance et la conviction intime qu'il ne s'agissait là que d'une brève étape dans une longue progression. Ceux qui se moquent et ricanent méritent au fond d'être plaints, car ils refusent d'élargir suffisamment leur esprit pour admettre l'idée que chacun de nous est une âme continue et immortelle depuis le commencement jusqu'à la fin des temps. »

Un certain matin, ayant mal à la gorge et

souffrant d'un gros rhume de poitrine, je me traînai jusqu'à ma machine à écrire plus tard que de coutume. C'était généralement Lily qui ouvrait la discussion ; mais, ce jour-là, ce fut Arthur qui attaqua aussitôt :

« C'est moi, Art. Les autres sont partis, mais je suppose que vous ne vous sentez pas bien et que vous avez oublié l'heure de notre entretien. Cela m'arrivait, à moi aussi, lorsque je n'étais pas en forme. Lily est ici depuis si longtemps qu'il a en partie oublié les problèmes et les petits ennuis terrestres. Moi, je suis resté dans les parages jusqu'à ce que vous soyez prête à notre entretien.

» Aujourd'hui, je voudrais évoquer certains événements que vous n'avez peut-être pas connus. Ici, nous savons tout depuis de longues années, certains d'entre nous ayant vécu sur terre à la même époque ou ayant suivi pour un temps les mêmes chemins. De sorte qu'il n'y a pour ainsi dire aucun véritable étranger parmi nous, ce qui nous fait mieux sentir que nous sommes tous mutuellement une partie l'un de l'autre, tout en étant une parcelle de Dieu lui-même. Nous autres âmes ne sommes que de simples manifestations du Créateur, au même titre que les arbres, les fleurs, les ruisseaux. Mais, ayant insufflé Son âme dans le sein de chacun de nous, Il nous a fait à Son image en ce sens qu'Il nous a donné en partage la faculté de raisonner et de distinguer le bien du mal.

» Le bien et le mal diffèrent souvent suivant les groupes de personnes que l'on considère, mais il existe en chacun d'entre nous le sentiment que le fait de blesser une autre âme est une offense que nous nous faisons à nous-même et à Dieu. En revanche, si nous apportons notre aide à autrui, même par des méthodes condamnables en soi, nous avançons sur le chemin qui conduit au but primordial : celui d'atteindre Dieu. Bien sûr, si la méthode condamnable que je viens d'évoquer contrevient à la loi – par exemple celle des États-Unis –, nous avons commis une faute à l'encontre de cette loi, mais pas nécessairement envers Dieu. De telles lois sont souvent nécessaires pour permettre aux masses de cohabiter dans une harmonie relative, mais le péché le plus grave, c'est le préjudice – physique ou moral – causé à une tierce personne qui va souffrir – dans sa chair et dans son âme – de votre attitude envers elle. S'emparer d'un bien qui lui appartient de droit – que ce soit physiquement ou moralement – est une offense, une faute grave, tout comme si vous alliez lui prendre sa nourriture sur sa table. Et les pensées – qui sont des actes en réalité – peuvent constituer des péchés aussi graves que les actes physiques eux-mêmes. »

Le lendemain, Lily amena de nouveau Arthur, qui se mit aussitôt à me dicter :

« Je me réjouis que vous vous sentiez mieux, Ruth. Venons-en donc tout de suite à notre entretien quotidien. Lorsque je suis arrivé ici, comme je vous l'ai déjà dit, je croyais savoir exactement ce qui m'attendait, ayant d'une part effectué de nombreuses lectures sur la question et, d'autre part, ayant parfois éprouvé, au cours de mes transes, la sensation d'être ici. Pourtant, quelques surprises m'attendaient. Par exemple, aucune requête n'est automatiquement exaucée sans un effort méritoire de la part du sujet. Il est exact que nous avons la possibilité de nous imaginer en n'importe quel endroit pour voir n'importe qui; mais il y a tout de même quelques exceptions :

» Si cette personne ne désire pas vous voir, vous n'avez aucune possibilité d'aller troubler sa solitude ou de vous immiscer dans ses activités. Il est nécessaire qu'il y ait réciprocité. Je pourrais avoir envie de voir Fletcher pendant une certaine période, mais il a d'autres projets en dehors de celui qui nous lie depuis l'époque où j'étais sur terre. En conséquence, je n'ai pas la liberté de m'imposer à lui, sauf s'il désire, de son côté, se lancer dans une discussion philosophique avec moi ou me montrer des curiosités. Car nous avons aussi nos monuments et curiosités, je vous l'assure !

» Si je souhaite dire quelque chose à quelqu'un à un moment donné, il n'est pas forcé que la personne en question soit disponible, car il y a généralement ici une multiplicité de projets en cours, et nous ne sommes jamais à la disposition instantanée d'une autre âme qui pourrait éprouver la soudaine envie d'entrer en contact avec nous. Cela garantit en quelque sorte l'intimité, étant donné que, à notre niveau, nous ne sommes pas obligés de supporter la sonnerie du téléphone.

» Ici, certains d'entre nous sont chargés de transmettre les instructions nécessaires aux âmes nouvelles qui nous parviennent; d'autres, au contraire, vont suivre des cours de philosophie pour rattraper les lacunes qu'ils ont pu accumuler lorsqu'ils étaient de votre côté. Certains s'occupent activement d'explorer les idées, à moins qu'ils n'essaient d'expier les fautes passées par la méditation et la prière. Voyez-vous, au fond, nous ne sommes pas tellement plus proches que vous de ce que vous appelez le paradis. Cette constatation est même assez extraordinaire, puisque nous avons échangé nos corps physiques pour des entités spirituelles et réalisé notre unité avec Dieu. Cette unité est une chose qui doit être méritée et acquise par des siècles et des siècles d'efforts, en se conformant aux lois divines sur le chemin qui monte vers la perfection, chemin qui sera éclairé et raccourci par toute action méritoire accomplie en faveur d'autrui, sans attendre une quelconque récompense en retour.

» La volonté de donner librement est un des barreaux de l'échelle qui conduisent à la réussite spirituelle. Souvenez-vous : "Que ta main gauche ignore ce que fait ta main droite." Cessez donc d'attendre une gratification terrestre ; donnez en secret sans en rien dire à quiconque ; et trouvez une satisfaction intime dans ce fait d'offrir sans espérer de contrepartie. Pourquoi implorer une récompense de Dieu si vous en avez déjà reçu une sur terre pour votre bonne action envers autrui ? Nous n'attendons pas de récompense lorsque nous nous faisons un plaisir à nous-même ; pourquoi en attendrions-nous une pour avoir aidé une tierce personne qui est une parcelle de nous-même et une parcelle de Dieu ?

» Bien sûr, le temple de la sagesse n'est pas un endroit proprement dit, mais un état d'esprit ; c'est le fait de prendre conscience de la beauté profonde de la pensée. Cette beauté, nous la voyons sous des angles divers, sous des lumières différentes ; en ce qui me concerne, je considère qu'elle est la personnification de la vérité. Le temple de la sagesse est une forme supérieure de cette vérité universelle, et le privilège d'y poursuivre ses études spirituelles doit être recherché par quiconque souhaite progresser en intellection et en développement de soi. Rien ne peut s'accomplir sans un effort intérieur si on veut que l'acte ait une valeur durable.

» Cet effort de croissance doit être constant à travers chacune des phases de notre existence si nous souhaitons devenir meilleurs, au sein d'une race plus humaine. Ne vous y trompez pas, nous avons le pouvoir et la faculté de former ce que l'on pourrait appeler une "super-race". Mais il y a un obstacle sérieux : nul homme – ou groupe d'hommes – n'a la possibilité d'y parvenir. Il faut un effort total de la race humaine, et c'est pourquoi, ma chère Ruth, il est si important d'aider tous ceux qui en ont besoin au cours des phases les plus difficiles de la vie. Il ne s'agit pas d'un rêve utopique de bien-pensant dans lequel personne n'aurait ni faim ni soif, mais véritablement d'une renaissance de la race humaine. Nous faisions autrefois partie d'une super-race ; nous n'étions plus très loin de cette connaissance dont je vous parle maintenant, et nous savions l'utiliser ; mais c'était avant que la cupidité, l'avarice, la haine et d'autres instincts dégradants ne se soient progressivement emparés des humains. »

Le lendemain, je me réveillai plus tard que d'ordinaire, et je n'étais pas plus tôt assise devant ma machine à écrire qu'Arthur commença à se manifester.

« Les autres sont partis, dit-il, mais je suis resté dans l'espoir que vous viendriez. »

Après quelques réflexions enjouées et spirituelles, il poursuivit :

« Voici encore un certain nombre de détails concernant le temple de la sagesse. Nous sommes, dans ce temple, en contact avec les plus grands esprits philosophiques : ceux qui sont ici à présent et aussi les bienfaits laissés par ceux qui se sont réincarnés ; car leur empreinte nous reste, indélébile, tout comme la vôtre s'y trouve depuis vos précédentes existences. Nous nous rendons au temple pour nous instruire des secrets de l'univers. Nous y apprenons la meilleure façon de penser et même de méditer, car notre mécanisme de pensée est une partie de l'âme, et c'est pourquoi on l'appelle ici "l'esprit inconscient". Il est toujours avec nous, tandis que le prétendu esprit conscient est uniquement animé par le mécanisme de la pensée physique.

» Le subconscient emmagasine toutes les connaissances que nous avons acquises depuis le début de la création. Il est en quelque sorte le plus grand classeur d'archives jamais connu ; mais, dans le monde physique, il est impossible de faire appel à lui à volonté, car la quantité de connaissances emmagasinée est beaucoup trop importante pour être ramenée à la surface à un moment précis. Par les rêves et la méditation, nous pénétrons dans l'immense puits de la connaissance, et par une hypnose bien menée, nous pouvons aussi parvenir à faire remonter à la surface une partie – mais seulement une partie minime – des documents emmagasinés. De ce côté-ci du rideau, en revanche, ce subconscient est à tout instant à notre disposition et, si nous sommes aptes à développer certaines capacités de l'esprit, nous pouvons plonger dans les souvenirs non seulement de notre dernière existence et de la précédente, mais, par-delà les siècles, dans des vies bien plus lointaines.

» Dans notre temple de la sagesse, des esprits illustres sont passés : Socrate, Kant, Jung et bien d'autres, honorés et vénérés durant leur existence terrestre. Ils sont également ici des personnages importants à un degré plus ou moins élevé. Certains grands esprits présents dans le temple n'ont jamais été reconnus pour tels lorsqu'ils étaient sur terre ; pourtant, ils sont, grâce à la sincérité de leurs croyances, devenus ici de grands maîtres qui servent le temple au mieux de leur génie. Beaucoup d'entre eux n'ont même pas besoin de se réincarner, parce qu'ils ont non seulement accompli leur destinée sur la terre, mais nous ont aussi, de notre côté, apporté une immense contribution ; de sorte que leur mission est véritablement accomplie. Ils sont libres de parcourir les divers stades de développement jusqu'aux plus hautes sphères, mais ils sont tellement attachés à leur service qu'ils passent la plus grande partie de leur temps dans le temple, venant en aide à ceux d'entre nous qui en ont besoin.

» Beaucoup d'âmes, pourtant avides d'apprendre et de se perfectionner, ne sont pas, dès leur arrivée ici, prêtes à suivre les enseignements du temple de la sagesse, car nous sommes là en plein ésotérisme, et elles n'ont pas, au cours de leurs vies antérieures, accompli des progrès suffisants pour être préparées à ce genre d'enseignement. En ce qui les concerne, il existe beaucoup d'autres écoles de développement où elles apprennent non seulement les rudiments de la philosophie, mais commencent aussi à comprendre le but de notre existence. Nous avons non seulement été créés à l'image de Dieu, mais avec la substance même de Dieu ; de sorte que, pour boucler notre cercle et retourner à Lui, nous devons assimiler la philosophie de l'univers et parvenir à comprendre ses lois, de manière à ne plus jamais nous trouver en discordance avec la création de notre Père.

» Au cours des premiers stades de l'enseignement, on apprend aux âmes à absorber le temps ; et nous devenons le temps lui-même, de sorte que rien ne peut se poursuivre sans notre coopération, du moins en ce qui concerne chacun d'entre nous. C'est ainsi que, si nous flânons le long de la route, notre temps s'immobilise ; en revanche, si nous désirons ardemment croître et nous développer, le temps qui est en nous avance rapidement jusqu'au moment où la leçon sera achevée et que nous pourrons en commencer une autre. Car le temps est relatif et différent pour chacun d'entre nous, deux âmes ne se trouvant jamais exactement au même stade de développement. Les vieux maîtres pleins de sagesse nous aident à faire avancer le temps en ouvrant les portes du conscient et en nous indiquant de nouveaux sentiers à gravir. C'est là un monde passionnant dans la croissance et le développement ; et quelle triste chose pour certaines âmes que de laisser passer cette occasion, offerte par Dieu, de rassasier leurs esprits auprès de tels maîtres, lesquels ont vécu à différents niveaux d'existence mais, en raison de leurs qualités, reviennent ici de temps à autre pour un certain temps, afin de nous éclairer et de nous aider dans notre développement spirituel. »

Ford souligna ensuite le fait que, lorsque nous franchissons le seuil auquel on a donné le nom de « mort », nous sentons immédiatement que nous ne sommes pas en harmonie avec l'univers.

« Les premiers à éprouver cette sensation sont ceux qui se trouvent presque en résonance, car ils sont à même de prendre conscience de leurs lacunes. Les autres sont tellement habitués à se trouver en dehors de cette harmonie céleste qu'il leur faut un peu plus de temps pour se rendre compte de ce qui ne va pas. Mais lorsqu'ils se sentent prêts, au plus profond d'eux-mêmes, ils se mettent à la recherche d'un maître susceptible de les guider dans le sentier béni de l'éternelle sagesse. Et, dès l'instant où ils le désirent fermement, le maître fait immédiatement son apparition. Car le désir étant le père de la pensée, le maître entre en scène, si je puis me permettre cette expression, dès que la pensée devient tangible.

» Il conduit alors son élève docile vers une salle de cours où sont réunis, dans le dessein d'apprendre, d'autres élèves ayant eu la même pensée et éprouvé le même désir. Ils travaillent de concert, en parfaite camaraderie. Certes, un certain nombre d'entre eux retombent dans leurs anciens errements, même de ce côté-ci de la porte, refusant de se conformer aux consignes ou de s'adonner à un labeur diligent ; mais j'affirme que la plupart d'entre eux acceptent avec entrain de s'engager dans le sentier montant qui les conduira vers le but rêvé. Leur sont alors exposés les rudiments du plan divin, la foi immuable dans la réalisation de toutes les choses d'inspiration divine et l'essentialisation des lois édictées par Dieu. Les âmes les plus avancées dans leur développement ne discutent jamais le pourquoi et le comment des choses, car il est bien évident que, si l'une d'elles brave le plan mis en place, elle perdra la grâce et retombera à l'état d'étudiant.

» Les lois existent, et cela nous suffit. Seuls les nouveaux venus, encore attachés à leurs habitudes terrestres, tentent de mettre en doute nos préceptes, ce qui, bien entendu, retarde leur progression. Si, lorsque ces âmes étaient de l'autre côté de la porte, elles avaient passé un certain temps à étudier les questions touchant au psychisme et essayé de saisir les préceptes divins, elles avanceraient plus vite, lorsqu'elles sont ici, car se conformer à la discipline est un des moyens les plus rapides pour progresser sur le plan spirituel : discipline en se soumettant à la volonté de Dieu, et même soumission aux règles édictées sur terre, règles promulguées pour aider les hommes à vivre dans la paix et le respect d'autrui. La discipline est vraiment la leçon qui devrait être inculquée à chaque enfant dès sa naissance et appliquée tout au long de sa vie terrestre, car c'est le principe essentiel qui prévaut ici. Et il est encore plus important pour ceux qui sont dans leur corps spirituel que pour ceux qui ont encore leur apparence terrestre. »

6

CE QUI SE PASSE APRÈS LA MORT

Durant les derniers mois de la vie d'Arthur Ford, il travaillait par à-coups à un autre livre, mais je n'avais pas la moindre idée du sujet qu'il souhaitait développer. Ce fut seulement quatre mois avant sa disparition que je fus mise au courant par notre ami commun, le révérend William V. Rauscher. Il m'annonça qu'Arthur avait choisi le titre de son ouvrage, lequel devait s'appeler, assez étrangement, *What Happens After Death* (Ce qui se passe après la mort). Et, quelques jours après les obsèques de Ford, lorsqu'il commença à prendre possession de ma machine à écrire, durant un quart d'heure chaque matin, il me déclara sans ambiguïté que nous devions collaborer pour écrire un livre expliquant ce qu'est la vie une fois franchie la porte que nous appelons « mort ». Or, Arthur Ford est un de ces êtres pleins de détermination et qui ne laissent rien dans l'ombre.

Presque sans préambule, il se mit à décrire les réactions de divers types d'âmes et, le 14 février, il écrivait :

« Aujourd'hui, nous allons parler du genre d'endroit que trouvent ici ceux qui n'avaient jamais songé à l'au-delà – qu'ils soient croyants, non croyants, ou simplement indifférents et trop occupés par leurs affaires, dans le tournoi de leur vie terrestre. Celui ou celle qui nous arrive dans de telles conditions se trouve soudain en un lieu qui lui semble assez proche de l'endroit qu'il vient de quitter. Le paysage est seulement paré de couleurs plus vives, et le ciel est sans nuages. Le nouveau venu se croit toujours vivant et prêt à courir à ses rendez-vous habituels. Il se précipite vers le premier dont il se souvienne et, bien que la salle soit pleine de monde, il se demande pourquoi tous semblent l'ignorer. Nul ne lui adresse la parole, et il cherche en vain dans sa mémoire quel affront il a bien pu leur faire inconsciemment. Certains d'entre eux sont pourtant de bons amis, et il ne se rappelle pas avoir jamais eu le moindre différend avec quiconque.

» Après un certain temps, sa tristesse et son abattement sont tels qu'une personne l'ayant connu autrefois considère de son devoir de venir le consoler et lui expliquer la situation. Il est épouvanté, croyant voir surgir devant lui une apparition de ce "vieux Charlie", et lorsque le Charlie en question essaie de lui annoncer qu'ils sont tous les deux des esprits, le nouveau venu se croit victime d'une mauvaise plaisanterie ou d'un cauchemar. Il revient chez lui dans le dessein de rejoindre sa femme, mais il la trouve à l'église, toute vêtue de noir. Il se demande lequel de leurs amis a bien pu mourir, sans se rendre compte un seul instant qu'il s'agit de lui-même. Les obsèques commencent, et il s'approche du cercueil pour essayer de voir s'il contient quelqu'un de sa connaissance. Il est épouvanté de se voir lui-même étendu là. Cela ne saurait être, se dit-il. Il s'agit d'une impossibilité absolue. Mais tous les membres de sa famille sont présents, ses amis, ses collègues de travail, et ils parlent tous de ce "pauvre vieux Joe", alors qu'il est tout près d'eux et s'efforce vainement d'attirer leur attention. Vous devinez la suite, Ruth. Peu à peu, il se rend compte qu'il est pris au piège. On va l'enterrer vivant, et il ne peut faire entendre sa voix, laquelle est pourtant parfaitement audible pour lui. Rien de ce que peut lui dire Charlie ne parvient à le convaincre qu'il ne s'agit pas d'un horrible cauchemar et qu'il ne va pas être enterré vivant, à moins que quelqu'un ne puisse l'entendre.

» De tels cas présentent évidemment des difficultés, de notre côté. Ce pauvre Joe dont je viens de parler, n'ayant jamais eu de toute sa vie la moindre idée de la spiritualité, n'a nullement été préparé à ce que vous nommez "l'au-delà". De sorte qu'il nous faut beaucoup de temps pour arriver à le convaincre, progressivement, qu'il est immortel, vivant sous forme d'esprit mais dépouillé de sa chair. Son trouble et son chagrin sont plus intenses encore que ceux de la veuve qu'il a laissée derrière lui; car elle espère revoir son mari un jour, alors que ce dernier refuse encore de se rendre à la réalité. »

Le lendemain matin, Arthur Ford était de nouveau près de moi.

« Considérons maintenant, commença-t-il, le

cas d'une personne qui s'attend à trouver ici des anges flottant dans un ciel azuré, de somptueuses demeures de marbre blanc et un grand trône d'or où Dieu se tiendrait jour et nuit pour contempler avec bienveillance des âmes nageant dans la béatitude. Telle est la vision des gens d'église à l'esprit étroit que l'on découvre dans toutes les petites villes d'Amérique et d'ailleurs. Mais c'est une conception totalement erronée. Si une âme arrivant ici souhaite entrer dans un palais de marbre, libre à elle de le faire, puisqu'il en existe sur terre et que nous pouvons nous rendre où nous voulons; mais il est évidemment plus difficile d'évoquer des anges ailés car, s'il en existe quelque part, nous n'en avons jamais vu ici. Certes, les âmes sont, à divers degrés, parées de lumière, et certaines reflètent une atmosphère de bonté et d'éblouissante clarté, mais aucun d'entre nous ne se voit véritablement se déplacer paré d'angéliques ailes. C'est la pensée qui nous transporte et, puisque les objets que l'on trouve sur la terre ne sont rien d'autre que des formes de pensée, c'est au milieu d'eux que nous nous mouvons. »

Un autre jour, Arthur Ford écrivait :

« Permettez-moi de vous parler d'un endroit où certaines âmes séjournent très longtemps, jusqu'au moment où quelque chose les éveille enfin à l'idée de la croissance spirituelle. Les catholiques appelleraient cela le purgatoire, avec cette différence qu'ils croient que nous y séjournons pendant un temps limité, ce qui est contraire à la vérité. Ils croient à la vertu de la prière pour ceux qu'ils ont aimés, et ce durant la phase de transition. Mais laissez-moi vous

affirmer que les prières viennent aussi au secours de tous ceux qui sont ici. Nous sentons
avec une très grande intensité les vibrations
bienfaisantes émanant de toutes ces suppliques
chargées d'amour. Mais, en ce qui concerne
cette sorte de purgatoire, il s'agit d'un état de
nébulosité dans lequel l'âme erre au hasard
entre la phase terrestre et le stade spirituel. Il
ne s'agit pas forcément de vilaines âmes; ce
sont pour la plupart des âmes qui n'ont eu aucune préparation à la vie spirituelle et ne te-
naient pas tellement à continuer à vivre à la recherche de l'immortalité. Elles demeurent ainsi
en sommeil, ou bien elles errent en proie au
découragement et ne font aucun effort pour
avancer, apprendre, se remettre du choc subi
en abandonnant leur corps terrestre dont elles
avaient cru qu'il constituait une réalité permanente et immuable. »

Ford affirme que ces âmes peuvent séjourner
«dans les limbes» pendant fort longtemps,
tristes et désabusées, jusqu'au moment où
l'idée leur viendra que nul ne peut les aider si
elles se refusent à faire elles-mêmes l'effort indispensable.

«Vient ensuite le véritable réveil. À ce moment-là, de nombreuses âmes sont disposées à
aider le nouveau venu à franchir les obstacles.
Dans les circonstances habituelles, les âmes
sont d'abord accueillies par des parents, des
amis intimes ou même des camarades de
classe, de sorte qu'elles ressentent aussitôt
comme un retour de leur jeunesse; car nous
sommes tous ici dans notre prime jeunesse,
quel qu'ait été l'âge auquel nous avons franchi

la porte. Les bébés eux-mêmes mûrissent rapidement si leurs âmes sont convenablement guidées. En effet, nous avons tous été créés au commencement des temps, et nous n'avons pas ici de vieux maîtres d'école ou de parents sévères pour modeler nos jeunes âmes.

» Après l'accueil initial, les âmes sont présentées les unes aux autres et mises au courant des règlements qui régissent leurs déplacements et leurs conversations, bien que fort peu de conseils soient indispensables sur ce sujet, puisqu'elles ont déjà été en contact par osmose, ou par transmission de pensée, pour employer des termes en usage sur terre. Ici, cela est tout aussi naturel que la respiration des êtres chez vous. Il en est de même pour communiquer les uns avec les autres ou pour se transporter d'un endroit à l'autre au moment où on le désire.

» Dès que l'âme commence à regarder autour d'elle et à poser des questions, elle déroule aussi les souvenirs de ses vies antérieures, tout comme ceux de l'existence qu'elle vient de quitter. Elle se demande pourquoi elle n'a pas réussi à accomplir certaines parties de la mission qu'elle s'était fixée dans sa dernière existence. Elle se rappelle les desseins qu'elle avait envisagés à cette époque, essaie de s'expliquer à quel moment elle a failli dans sa tâche ou sur certains détails de son projet. Pour quelle raison, se demande-t-elle ensuite, certaines choses enfouies dans son subconscient n'étaient-elles pas remontées à la surface ?

» Prenons maintenant le cas d'un enfant arrivé ici d'une manière brusque et inattendue, après avoir été renversé dans la rue par une voiture. Il était parfaitement innocent, n'avait jamais rien fait de mal, et nul ne peut comprendre pourquoi il a dû mourir. Mais réfléchissez un instant! Ce gamin a somme toute une âme aussi vieille que celle de ses parents ou de ses grands-parents. Et elle a, bien sûr, amassé sa part de fautes et de souillures au cours de ses précédentes existences sur terre; elle a donc des dettes à payer. Les vrais accidents sont chose rare car, de ce côté-ci de la porte, notre organisation tient compte de presque tout, à l'exception du mal qui grandit rapidement dans l'âme d'un homme à l'esprit dépravé, mal qui contrarie ou détruit le plan original. Tel est le cas d'un Hitler, qui avait prévu de devenir peintre et de développer le côté artistique de sa personnalité, mais qui, dès qu'il se fut emparé du pouvoir en Allemagne, donna libre cours à tous les mauvais instincts qui s'étaient développés en lui et le transformèrent en un monstre humain. »

Lors d'une autre séance, Arthur, abordant une question un peu différente, écrivait :

« Ceux qui ont effectué la transition en pleine conscience et savent à quoi s'en tenir se rendent compte qu'ils ne sont plus en possession de leur corps charnel et que, en conséquence, ils sont désormais invisibles à ceux qu'ils aimaient sur terre. Souvent, ils assistent à leurs propres obsèques pour un dernier adieu, et puis, à moins qu'ils ne soient ardemment réclamés par des parents affligés, ils peuvent s'installer dans leur nouveau rôle, sans attaches trop fortes avec leur vie terrestre. Ce sont eux qui effectuent ici les progrès les plus rapides. Se plongeant dans des pensées profondes, ils travaillent avec acharnement pour assimiler de nouvelles leçons, et le chemin plein d'espoir dans lequel ils se sont engagés les conduira toujours plus haut, jusqu'au moment où ils auront accompli leur union avec le Créateur. Ils assistent d'abord à des cours, où les maîtres tantôt sont assis aux côtés des âmes spirituelles, tantôt paraissent flotter au-dessus d'elles. Mais ils sont aussi réels en substance que ceux qu'ont connus ces étudiants lorsqu'ils avaient leurs corps.

» Ils enseignent les rudiments du savoir, les philosophies orientales aussi bien que les croyances nouvelles comme le christianisme ou le mahométisme. Lorsque ces théories ont été convenablement assimilées, ils poursuivent leur tâche par un enseignement ésotérique, du genre de celui dont le Christ était familier lorsqu'il parcourait la terre sous le nom de Jésus. Ils ne travaillent pas seulement à la vigne du Seigneur ; ils ont les pieds fermement posés sur le sentier qui conduit à l'ultime joie ; car ils constituent en quelque sorte les élus, selon l'expression que nous aurions employée sur terre, et ils s'éveillent ici à la réalité de leurs vies antérieures et de leurs futures réincarnations. Ce sont ceux qui se souviennent, ceux qui ont retenu une somme suffisante de connaissances accumulées ici au cours de leurs précédents passages et que l'homme charnel n'a pas pu leur dérober pendant les périodes qu'ils ont passées sur la terre. Nous apprenons par exemple que la meilleure façon d'avancer, c'est d'aimer, car une pensée malveillante et hostile envers une autre âme retarde le progrès à un point tel qu'il faudra parfois plus d'une vie future pour effacer cette tache. Ne dites jamais de mal. N'ayez jamais de pensées malveillantes. Car il n'y a pas de mal en dehors de celui que nous créons, et je n'ai jamais vu de démon de ce côté-ci du rideau. Nous sommes nos propres démons, avec nos propres pensées et les actes qui en découlent. »

Je demandai à Arthur de bien vouloir préciser cette idée du démon :

« Ici, on nous enseigne l'éternelle sagesse, autrefois connue de l'*homo sapiens*, mais perdue au cours des siècles en raison des désirs charnels éprouvés du fait de la condition physique de l'humanité. Nous savons qu'il est possible, dans cet état, de surmonter les obstacles et les difficultés corporelles, à condition d'écarter la concupiscence, la luxure et la haine. Mais l'état temporel est pavé de tentations en tout genre. S'efforcer de surmonter ces tentations est le moyen le plus rapide d'avancer vers une condition supérieure. Le corps physique ne dure qu'une fort brève période dans l'éternité de l'homme et, une fois admise cette idée, il n'est pas difficile de venir à bout des tentations néfastes. Pourquoi retarder notre marche en avant vers des horizons plus sereins pour des plaisirs de la chair qui ne durent que l'espace d'un éclair dans notre éternité ? Gardez toujours cette pensée présente à votre esprit, car elle est de la plus haute importance dans la lutte contre les forces du mal qui entourent l'homme, risquant de l'inciter à renoncer à son

Créateur pour des plaisirs futiles et passagers.

» Ce mal dont nous parlons n'est pas en vérité le démon incarné, comme voudraient nous le faire croire certains prêcheurs. Il est constitué par les forces et les vibrations émanant de ces autres âmes qui, ayant suivi ce chemin, ont laissé une empreinte indélébile, une souillure ineffaçable. Peut-être suis-je un peu à côté de la vérité lorsque j'emploie les mots "indélébile" et "ineffaçable", car la bonté est capable, en fin de compte, d'effacer ces empreintes, à condition qu'un nombre suffisant d'autres âmes assainissent le chemin jusqu'à éliminer ces influences néfastes. Le démon existe, certes, mais non point tel que vous pouvez le concevoir. Il est la force du mal qui s'est accumulée sur terre depuis que l'homme a, pour la première fois, trouvé la forme corporelle. Et comme cet homme ne semble guère vouloir se rapprocher du Christ, ce mal reprend une force nouvelle et grandissante à mesure que chaque génération qui passe laisse son empreinte sur cette entité que vous connaissez sous le nom de démon.

» Le démon n'a jamais été une personne au sens propre du terme, mais une force tellement puissante qu'elle s'amplifie à chaque injustice, à chaque méfait, à chaque acte criminel, tout comme le bien brille d'un plus vif éclat à chaque acte de justice, d'honneur ou de vertu. "Au commencement était le Verbe, et le Verbe était Dieu." Le Père éternel a voulu le séjour de l'homme sur la terre dans le dessein de mettre les âmes à l'épreuve, et Il n'a pas accompagné Sa création de forces maléfiques; mais les âmes errantes qui habitaient les corps se sont mises à batailler, à se quereller, à céder aux convoitises de toute sorte, dans l'espoir d'accroître leur importance, constituant ainsi une force du mal qui a fini par devenir une entité à laquelle on a donné le nom de Satan. C'est l'homme – et non pas Dieu – qui a créé Satan, et ce personnage imaginaire existe non point sous la forme d'une âme maléfique, mais comme la personnification de tout le mal sur la terre, nourri par les mauvaises pensées et les actes criminels. Si Satan doit être détruit, il le sera lorsque l'homme aura compris que les pensées elles-mêmes sont des actes, et que l'influence du démon diminue chaque fois que nous remplaçons une pensée ou une action coupable par de la tendresse et de la bonté. C'est ainsi que nous approcherons du "millénium", le règne du Messie, au cours duquel le bien se substituera au mal dans les cœurs de ceux qui habiteront la terre, non seulement en chair mais aussi en esprit, comme tel est le cas ici maintenant. »

J'ai voulu savoir si les animaux étaient susceptibles d'acquérir l'immortalité, et j'ai posé la question à Arthur.

« Ici, m'a-t-il répondu, le temps n'a pas de signification. Nous sommes éternels, puisque nous existons depuis le commencement des siècles et que nous n'aurons pas de fin. Nous sommes ici, et c'est là tout notre rapport avec ce que vous appelez "le temps". Quand nous avons saisi cette vérité, nous sommes aptes à comprendre que le désert et le vide n'existent pas. Rien ne meurt. Permettez-moi d'insister sur ce fait. Il faut se pénétrer avant tout du fait que la mort elle-même n'a pas d'existence réelle. Toute substance existe depuis le commencement de la création ; rien ne se détruit, tout se transforme, exactement comme la chenille devient papillon et se désintègre ensuite lorsque l'esprit passe à un état différent. Tel est le cycle : être en constant devenir et n'avoir pas de fin. La mouche que nous écrasons sous sa forme physique reparaît sous une autre, sans perdre pour autant sa personnalité en tant que mouche. Il en va de même du chien qui est écrasé par une voiture. Son corps retourne à la terre, mais son esprit ne meurt pas : il existe aussi éternellement que n'importe quel autre esprit, pour renaître aussi souvent qu'en décidera le Créateur. C'est la loi éternelle et immuable. Il arrive qu'un animal familier soit si évolué que son âme n'ait pas besoin de retourner à la forme physique. Mais elle demeure canine ; car, en fait, existe-t-il un état plus grand et plus digne que celui qui consiste à avoir un esprit plein d'amour et totalement dévoué à son maître, uniquement consacré à aider et protéger les autres ? Au regard de Dieu, ce chien a atteint la perfection en faisant, à tout instant de sa vie, passer son maître avant lui-même. Quelle admirable, quelle précieuse leçon, que nous devrions tous méditer et dont il faudrait nous inspirer. Nous aussi pouvons atteindre la perfection si nos pensées sont constamment tournées vers la recherche du bien-être et du bonheur d'autrui et non pas égoïstement vers notre chère petite personne. »

Et Arthur de poursuivre en ces termes :

« Les chiens, les chats et autres animaux familiers que nous invitons à partager nos foyers et nos existences montrent certes parfois des traits de caractère opposés : certains sont indifférents, voire déplaisants ; d'autres, au contraire, d'un admirable dévouement. Les âmes de ces animaux, celles des oiseaux, des plantes, des minéraux sont des étincelles d'une espèce différente de celles que nous rencontrons chez l'homme. Mais ces âmes, pour incomplètes qu'elles soient, servent certains buts, limités bien que précis. Il n'en reste pas moins que les animaux, les arbres, les rochers, le sol et toutes les autres choses vivantes possèdent une personnalité et une âme, même si cette personnalité et cette âme nous apparaissent différentes de celles que nous identifions chez l'homme au cours de son étape sur terre. Ce sont des substances qui respirent et qui vivent, qui ont en elles des étincelles de Dieu ; et bien qu'aucune ne soit aussi évoluée que les âmes qui prennent la forme humaine durant leur séjour sur terre, elles n'en sont pas moins le reflet du Créateur et répondent à Son amour, tout comme celles qui sont destinées à prendre la forme d'une femme ou d'un homme. Elles possèdent leurs propres inclinations, leurs aversions, leurs lubies et leurs ressentiments. Elles remplissent le rôle qui leur a été assigné et s'efforcent de devenir belles et bonnes – ou laides et méchantes – selon leur personnalité profonde. C'est pourquoi certaines plantes répondent à nos sollicitations, alors que d'autres refusent de coopérer, même si nous les entourons des soins les plus attentifs. N'avez-vous pas connu d'hommes et de femmes qui réagissent exactement de la même manière, certains pleins de méchanceté et de haine, les autres débordants d'amour et de confiance ?

» Dans le temple de la sagesse, nous apprenons à prier pour toute chose vivante, que ce soit pour la guérison des corps ou le développement des âmes. Nous apprenons que les animaux, les pierres, les plantes, tout ce que nous pouvons voir, entendre et sentir est influencé par la prière, car le Dieu tout-puissant accueille avec bienveillance les requêtes loyales et de bonne foi. Le vent et les arbres, les chants des oiseaux, le bruissement des insectes, le cri de l'homme sont tous également entendus du Tout-Puissant. Chacun a son propre moyen de communication, et notre unique Dieu est constamment à l'écoute de ces soupirs, de ces murmures, de ces chants et de ces cris, ainsi que de toutes les autres formes de communication entre Lui et Ses créatures. Et ne croyez surtout pas que ce soit là un conte de fées. C'est la pure réalité, Ruth, et tant que nous n'aurons pas appris à communiquer avec toutes les formes de la vie, que ce soit sur le plan physique ou sur le plan spirituel, nous serons incapables d'atteindre l'union avec le Créateur. Songez à cette vérité aussi souvent que vous le pourrez. Apprenez à écouter la voix des arbres, des rochers et des pierres, les bruissements des insectes et les chants des oiseaux, ainsi que toutes les autres manifestations de la vie de la création. Efforcez-vous de pénétrer leurs secrets en propageant cette communication qui nous lie tous ensemble et fait de chacun de nous une manifestation de Dieu. Les "objets" ne sont pas plus des objets que nous ne le sommes nous-mêmes. Chacun d'eux possède sa propre forme de vie et d'être. Les rochers constituent une partie du plan divin, tout comme les oiseaux, les abeilles et chacun de nous. Tous les êtres, quels qu'ils soient, ont leur place dans l'arrangement divin. »

Profondément troublée, je me hasardai à demander si nous avions, dans ces conditions, le droit de détruire les insectes nuisibles. Il me répondit sans ambages :

« Les mouches, les vers et les insectes qui sortent de l'orbite qui leur était primitivement destinée affrontent le risque de destruction par l'homme, car il existe un espace vital pour chaque espèce de créature. Les dinosaures des temps anciens ont fini par disparaître de la surface de la terre, parce qu'ils s'étaient mis à ravager les réserves de l'homme et des autres animaux. Que cela serve d'avertissement à l'homme lui-même. S'il devient un jour assez menaçant pour vouloir détruire toutes les autres formes de vie, alors il risque l'anéantissement. Si ces insectes dont vous parliez devenaient assez nombreux pour constituer des menaces envers l'humanité et les autres animaux, ils disparaîtraient. Nous avons dans le firmament nos places désignées, et si nous excédons notre mission en rompant l'harmonie établie, nous périrons physiquement, bien que rien ne meure jamais au sens éternel du terme. »

Combien était intéressante sa comparaison de l'homme avec les dinosaures et les insectes.

C'est l'homme qui salit l'univers avec ses déchets. L'homme du XXᵉ siècle pollue les lacs et les rivières, souille la pureté de l'air, recouvre la richesse du sol de tonnes et de tonnes de béton, saccage les forêts. Sommes-nous donc en train de tracer notre funeste destin aussi sûrement qu'autrefois les mammouths ont disparu de cette terre ?

7

QUELQUES CAS D'ESPÈCE

Dix semaines après le début de mes entretiens quotidiens avec Arthur Ford, Mr et Mrs Wilfred A. Sechrist, de Houston (Texas), vinrent nous rendre visite à Cuernavaca (Mexique). Elsie, qui fait autorité en matière d'interprétation des songes et est également spécialiste d'autres phénomènes psychiques, lut avec le plus grand intérêt ce que m'avait dicté Arthur. Elle me suggéra ensuite de lui demander un aperçu de cas spécifiques de gens ayant franchi cette porte que nous appelons la « mort ». Il ne se fit aucunement prier et, dès le lendemain matin, il entama son récit :

« Nous avons aujourd'hui pour vous des nouvelles des frères Kennedy. John est en ce moment penché sur des problèmes internationaux, son dessein essentiel étant de trouver une sorte d'arrangement entre les Israéliens et les Arabes. Bobby, quant à lui, tente de tempérer les ultras, croyant, dit-il, avoir une certaine influence sur les éléments les plus avancés des Panthères noires et des groupes de hors-la-loi comme ceux qui enlèvent des diplomates et qui crient vengeance.

» John n'a pas connu un seul instant d'inconscience. Il s'est montré aussitôt vigilant et parfaitement lucide à propos des événements qui se déroulaient dans le pays qu'il venait de quitter. Il a œuvré avec Lyndon pour diminuer les tensions et s'est efforcé de l'aider à établir son programme. Bien que n'ayant pas toujours obtenu les succès souhaités lorsqu'il se trouvait sur terre, il tenait à ce que ces mesures réussissent, et il s'est attelé à cette tâche de toutes ses forces, si je puis ainsi m'exprimer. Il craignait que, sans son soutien à Lyndon, l'anarchie ne s'installât dans le pays, ce qui ne l'empêchait pas de considérer comme une énorme erreur l'engagement croissant de Johnson dans la guerre du Viêt-nam. Bien que lui-même eût accru notre participation dans cette entreprise, il n'avait jamais eu l'intention d'aller aussi loin que le fit son successeur. À présent, il souhaite apporter la paix à ce monde en guerre et désirerait pouvoir faire sentir son influence en tant que médiateur entre Israéliens et Arabes, car il prévoit de sombres jours en Palestine si on ne fait rien pour insuffler un peu de compréhension et d'amour dans les cœurs de ces ennemis de toujours. Il est rempli d'amertume à la pensée de ceux qui se battent et meurent au Viêt-nam, mais il est d'avis que ce conflit ne saurait durer très longtemps encore. En revanche, en Palestine, les haines sont à la fois si vives et si anciennes qu'il craint un véritable holocauste.

» Bobby a mis toute son énergie dans le mouvement pour les droits des citoyens, et il pense que ce problème ne pourra être résolu que le jour où une personnalité de grande envergure gagnera la confiance des exaltés et parviendra à les amener à un esprit de conciliation suffisant pour les faire asseoir autour d'une table de conférences où seront reconnus leurs droits.

» Son arrivée ici sous la forme spirituelle fut pour lui un choc si brutal et inattendu qu'il demeura un certain temps plongé dans une sorte de langueur, bien que John fût là pour le soutenir et l'aider au cours des premières semaines. Les deux frères ont des liens karmiques profonds, et ils ont toujours été si proches l'un de l'autre au cours de leurs précédents séjours sur la terre qu'ils ne sont pas vraiment complets l'un sans l'autre. Cette union familiale était d'ailleurs préalable à leur naissance, car ils formaient jadis en Angleterre une famille vivant dans un cadre idyllique auquel ils eussent souhaité ne jamais être arrachés. De tels désirs ne sont hélas ! pas faciles à réaliser ; mais, au cours du XXe siècle, ils purent enfin, de nouveau, trouver le moyen de reformer une famille par le sang. Ethel (Kennedy) avait fait partie du groupe familial d'origine ; mais comme il lui était impossible de retrouver la même mère, il n'était pas douteux qu'elle et Bobby se rencontreraient encore sous la forme charnelle. Ils ne formaient pratiquement qu'une seule âme, et ils sont encore intimes depuis le passage des éons.

» Jackie (Kennedy Onassis) était évidemment l'étrangère – mais tout de même une sorte de reine qu'ils avaient connue en Angleterre, et ils pouvaient lui rendre hommage sans pour autant l'accepter comme une des leurs. »

Quelques jours plus tard, Ford reprit la question des Kennedy, après m'avoir d'abord dicté ce qui suit :

« Ainsi que nous l'avons indiqué, le pouvoir de la prière est aussi important de ce côté-ci du rideau que du vôtre. Lorsqu'un être aimé franchit ce voile que vous appelez la "mort", abandonnant derrière lui son corps physique, il est souvent désorienté. Il se sent perdu et délaissé. L'adaptation est parfois plus difficile à réaliser que tout ce qu'il a connu au cours de la phase de l'existence qu'il vient de quitter. Car il s'était attendu à un paradis bien différent de ce qu'il trouve ici, et il a besoin d'être rassuré, persuadé que Dieu est conscient de sa situation nouvelle. Bien sûr, les prières pour le repos de son âme qu'il a adressées à Dieu avec ferveur au cours de son existence terrestre le soutiennent et le réconfortent.

» Étant donné que l'état dans lequel je me trouve maintenant exige des études sérieuses pour atteindre le développement souhaité, nous agissons ici comme vous le faites dans votre domaine : nous luttons de toutes nos forces pour poursuivre sans relâche notre avance sur le chemin montant au bout duquel, un jour, nous serons réunis au Créateur. Les prières sont donc d'une importance capitale, et les catholiques sont dans le vrai avec leurs prières pour les morts, coutume qui devrait être adoptée par toutes les fois et toutes les croyances ; par tous ceux, aussi, qui aiment encore ces âmes envolées vers la vie éternelle. Ici, nous prions avec autant de diligence que nous le faisions de l'autre côté du rideau ; et cela nous mettant en harmonie avec notre Créateur, nous en ressentons les effets instantanément ; bien plus vite que lorsque nous étions en face, avec notre corps physique. Il arrive ici qu'une âme ne soit réveillée que par les prières de ceux qui ont intercédé en sa faveur dans leur condition charnelle.

» Les frères Kennedy constituent un exemple frappant de la puissance de la prière. Lorsque le Président a été assassiné, il y a eu une telle abondance, un tel flot de prières spontanées qu'il n'a jamais véritablement perdu conscience. Il a été presque tout de suite à l'unisson de ce qui se passait ici, et ces prières étaient si étonnamment efficaces qu'il n'a pas été un seul instant en contact avec ce que les prêtres appellent le purgatoire, c'est-à-dire un rassemblement d'âmes qui errent sans but jusqu'au moment où quelque chose les éveillera. Bobby, lui aussi, fut aidé par les prières et, bien entendu, par son frère qui l'attendait ici, en compagnie de leur frère aîné et d'autres qui avaient admiré leur vigoureux combat en faveur des droits de l'homme. Je n'étais pas encore de ce côté du rideau, à cette époque, mais on m'a raconté les réjouissances qui ont eu lieu en l'honneur de ces deux âmes qui ont brandi très haut l'étendard de la dignité humaine. Il y a presque toujours un peu de bon dans toutes les âmes, quel que soit l'âge auquel elles ont été appelées devant leur Créateur. Certes, toutes ne meurent pas jeunes, mais lorsqu'une d'entre elles a été à même d'accomplir la mission qui lui était impartie en un certain laps de temps et en échappant au handicap de la vieillesse, elle est tout particulièrement bénie. Quelques grandes âmes atteignent un âge fort avancé tout en continuant à se rendre utiles ; mais lorsqu'une âme, sa mission accomplie, est parvenue au zénith de sa carrière, il est souhaitable que, abandonnant son corps terrestre, elle vienne poursuivre ici le développement qui doit la conduire vers les hautes sphères éternelles. Nos temples de la sagesse sont si bénéfiques et stimulants que rien de ce qu'on a pu apprendre sur terre ne saurait être comparé aux études pratiquées ici. »

Ce rapport sur les Kennedy m'incita à demander comment se comportait, de l'autre côté, le président Eisenhower.

« C'était un homme de grande valeur, me répondit Ford, qui a accompli sa destinée en apportant la paix à un monde en folie. S'il était parvenu plus tôt à la présidence – et aussi en des temps moins troublés – il aurait pu faire beaucoup plus encore pour le bien-être de l'humanité. Lorsqu'il arriva ici, il y eut un grand moment de liesse parmi les hommes qu'il avait conduits au combat, qui le vénéraient à l'égal d'un père et éprouvaient le plus profond respect pour la bonté de son cœur. Il conduit encore un grand nombre d'entre eux, irrités par leur départ prématuré de la terre, au point d'en vouloir aux personnes plus âgées demeurées en vie. Ike les a raisonnés, il leur a appris que dans chaque cœur humain bat une parcelle du Créateur, lequel est au courant de tout ce qui nous échappe, et il leur fait comprendre qu'il existe des périls pires que la mort. »

Le triomphe du général Eisenhower sur le

nazisme nous a tout naturellement conduits à un débat sur Adolphe Hitler.

« Il semble avoir fait tant de mal dans une seule vie qu'il ne pourra jamais se laver d'une telle souillure. il est arrivé ici après avoir détruit des existences, ruiné les espoirs et les idéaux de millions d'âmes sur la terre ; il est l'objet de tant de mépris et d'horreur que nul ne déplore sa disparition de la surface du globe. Ici, il ne songe qu'à reprendre ses bouffonneries, son pas de l'oie, ses harangues pour le pouvoir ; mais il n'y a personne pour l'écouter, encore moins pour l'approuver. Son âme est si totalement ignorée des autres que c'est un peu comme s'il était seul sur une île déserte. Il se pavane, tonne et tonitrue en vain. Nul n'est assez vil pour chercher à entrer en relation avec cette âme de monstre. Crier et se rengorger ne sont que de vaines actions, de sorte que, grisé par sa propre image, il finit par glisser lentement dans le gouffre de son orgueil insensé jusque dans les ténèbres extérieures, où il séjournera sans doute des milliers d'années, en raison de la gravité de ses crimes contre l'humanité. Et s'il s'éveille un jour, son sort ne sera nullement enviable, car jusqu'au moment où il aura payé au moins une partie de ses crimes, il n'aura pas la possibilité de retourner sur terre où il pourrait effectuer des progrès plus rapides dans le sens de la rédemption. Mais il s'est lui-même condamné à l'isolement pour de nombreux éons, et ceux qui vivent sur terre actuellement ne sauraient connaître le sort qui lui sera un jour réservé, car ce bannissement durera sans doute des siècles, et nul ne vivra sur terre assez longtemps pour assister, un jour lointain, à sa réapparition. »

Ford fit ensuite quelques allusions rapides à Albert Einstein :

« Un grand savant meurt à la vie physique et est accueilli ici avec de grands cris de joie, car il a utilisé son génie pour faire avancer la science pure et améliorer la race humaine. Il a mis ses dons au service du bien et non des forces de destruction. Ce génie, tel qu'on le considère au sein de l'univers physique, est un praticien de valeur dans le domaine ésotérique et, avec l'aide d'autres âmes pourvues de talents scientifiques, il a été capable d'accomplir de véritables miracles sur le plan de l'avance spirituelle. Le téléphone, l'électricité, le bateau à vapeur et autres inventions du même ordre, y compris l'égreneuse de coton, ont été le résultat des efforts conjoints d'âmes talentueuses, des deux côtés du rideau qui sépare les mondes. Einstein, qui avait pour habitude de ne dormir que quelques instants à différents moments de la journée, s'accordait ici avec les forces qui renouvelaient son objectif et lui suggéraient le prochain pas à franchir dans le domaine de ses expériences. En effet, ces brèves périodes de somme dans la vie physique vous permettent d'entrer en communication avec les esprits et d'emmagasiner l'énergie indispensable à l'accomplissement de vos projets. »

Elsie Sechrist avait demandé des exemples de divers types d'âmes : prêtres, savants, suicidés, bébés, enfants, sauvages, etc. Le 26 mars, Arthur écrivait :

« Aujourd'hui, nous allons considérer le cas

d'un homme de clergé, un prêcheur qui parle d'enfer et de soufre et accepte sans les discuter les moindres détails de la Bible. À son arrivée ici, il éprouve un premier choc en découvrant que Dieu n'est pas assis sur un trône d'or entouré d'anges et de séraphins. Il nous exhorte alors à nous repentir avant qu'il ne soit trop tard. Il pense que son séjour ne constitue qu'un bref interlude et que nous sommes des âmes égarées à qui fait défaut la vertu indispensable pour s'approcher de Dieu. Les sermons qu'il prononce ici attirent inévitablement les âmes qui ont soif du genre de paradis conçu par leurs esprits bornés, et elles croient que ce prêcheur va les conduire rapidement vers la Terre promise. Elles accourent à ses sermons et crient "Amen", tandis qu'il leur affirme que, dans un temps tout proche, elles entreront au paradis, flanquées d'une cohorte d'anges jouant de la harpe. "Amen", crient-elles encore, et elles se réjouissent que l'un des leurs soit enfin arrivé dans l'intention de leur ouvrir toutes grandes les portes du temple. Ce prêcheur déclame et exhorte, exige que les âmes les plus anciennes lui indiquent le chemin qui mène au trône de l'Éternel ; car il croit en toute bonne foi que, par quelque mystérieux sortilège, nous sommes parvenus à le lui dissimuler. Finalement, les âmes les plus anciennes l'entourent pour tenter de lui faire admettre qu'il prêche une fausse doctrine, que le paradis est à l'intérieur de chacun de nous, ainsi que l'enfer. On lui explique qu'il est parvenu au terme de son voyage et qu'on ne lui dissimule rien. C'est à lui qu'il appartient de se mettre en route sur le chemin de la spiritualité, car il retarde l'avance des autres en les induisant en erreur par le faux espoir d'une Terre promise. En effet, la Terre promise est le lieu où il se trouve déjà, et nous nous efforçons de le lui faire admettre. Des esprits plus sages – si je puis ainsi m'exprimer – le prennent en main ; car il s'agit, somme toute, d'une âme juste fourvoyée dans une fausse doctrine. Ces sages lui suggèrent d'assister pendant un certain temps aux cours du temple de la sagesse, ce qui lui permettra d'ouvrir les yeux sur l'unique vérité. Nous sommes tous – lui comme nous – des parcelles de Dieu et, tant qu'il ne sera pas pénétré de cette idée essentielle, aucun de nous ne dépassera le stade humain.

» Lorsque nous aurons admis que chacun d'entre nous est une parcelle de Dieu, nous pourrons répandre la bonne parole qui consiste à faire savoir aux autres que nous pouvons avancer de concert vers une plus haute sphère de conscience ; nos yeux se dessillent, et nous pouvons voir exactement où nous sommes et pourquoi nous y sommes. Aider autrui est ici le mot d'ordre qui nous fait tous agir. Notre prêcheur commence bientôt à entrevoir un éclair de l'éternelle vérité, et il ne lui faut pas longtemps ensuite pour répandre autour de lui la bonne parole, avec un zèle égal à celui qu'il mettait à prêcher l'enfer et le soufre. C'est fondamentalement une âme d'élite, mais que des principes erronés avaient engagé sur une mauvaise piste. À présent, il répand la vérité avec la même éloquence, et il se met bientôt à estimer et à juger son existence terrestre, passant en revue les points sur lesquels il a induit les autres en erreur, parce que lui-même n'avait pas su ouvrir les yeux et écouter les arguments pourtant persuasifs de ceux qui étaient moins orthodoxes que lui dans ses croyances étriquées. Il est maintenant impatient de réparer les torts qu'il a causés et, par l'intermédiaire d'autres prêtres partageant la même foi sur terre, il laisse tomber des graines de sagesse qui, si elles rencontrent un sol favorable, commenceront à germer pour répandre ensuite la vérité parmi les sceptiques. Et parce qu'il a une belle âme, il avancera ici plus rapidement que certains qui connaissaient la vérité lorsqu'ils étaient sur terre, mais n'ont pas voulu œuvrer avec la même force que lui pour venir en aide à autrui. »

Un autre matin, Ford écrivait :

« Nous allons aujourd'hui étudier le cas d'un bébé nouveau-né qui, après une brève lutte pour la vie, est retourné à l'état spirituel. Certes, il ne demandait qu'à vivre, car il était pour quelque chose dans le choix de ses parents ; mais alors, que s'est-il produit qui ait modifié le processus engagé ? Il arrive qu'un bébé trouve un corps affaibli par une malformation, et il aura du mal à se maintenir en vie ; mais, le plus souvent, c'est l'esprit qui se retire. Prenons l'exemple d'un bébé né dans un foyer agréable où il était ardemment désiré et qui, néanmoins, ne vit que quelques jours, quelques semaines, quelques mois avant que son âme ne se détache de son corps. Cet enfant a presque certainement quelque chose à voir dans cette décision. Peut-être l'âme avait-elle, au départ, une certaine répugnance à se réincarner; ou bien était-elle persuadée que ce corps n'était pas le moyen idéal pour sortir du karma qui entravait sa croissance spirituelle. Quoi qu'il en soit, l'âme du bébé revient ici, d'où elle s'était récemment envolée. Dans ce cas, il se produit parfois une brève mise en sommeil; mais, habituellement, l'âme a quitté le domaine spirituel pendant une si brève période que l'adaptation nécessaire est très courte elle aussi. Une fois de plus, l'âme examine avec attention ce qui s'est passé et s'efforce de comprendre pourquoi elle a abandonné cette réincarnation qui l'aurait sans doute aidée à résoudre ses problèmes de karma.

» En fait, le bébé n'est pas vraiment un bébé dans le monde spirituel, puisque toutes les âmes se trouvaient ici depuis le commencement des temps; et bien que certaines soient plus hautement évoluées et plus constructives que d'autres, grâce à l'expérience acquise ici et également au cours de leurs séjours sur terre, on ne peut pas dire qu'une seule soit véritablement un bébé dans le sens que vous donnez à ce mot. L'âme dont nous parlons aujourd'hui nous est revenue après un bref combat sous la forme d'un nouveau-né. Le cœur présentait une déficience et était incapable de se maintenir en vie. Lorsqu'elle revient parmi nous, l'âme est d'abord légèrement déçue; car, bien que la prime enfance ne soit en aucune façon une âme idéale, cette âme avait fait le choix de parents qu'elle aimait, et elle souhaitait vivre dans un cadre où elle se serait sentie capable de régler une partie de ses dettes de karma.

Que cette occasion lui fût refusée par des limitations purement physiologiques – en l'occurrence une déficience cardiaque – prouve qu'il s'agit d'un problème de karma, l'âme s'étant soudain rappelé que, dans une existence précédente, elle avait mis un terme à la vie d'un bébé en négligeant les soins qu'elle aurait dû lui prodiguer. De sorte que, en dépit du fait que cette âme cherchait à se perfectionner, elle a dû se retirer d'une situation apparemment idéale. Le prétendu bébé revient donc ici et, après une brève période d'adaptation, l'âme est de nouveau prête à rejoindre le temple de la sagesse pour y apprendre la manière de gravir la pente ardue qui constitue l'unique chemin permettant d'atteindre l'union totale avec Dieu. Néanmoins, ne nous ayant quittés que pendant une brève période, elle n'a en réalité besoin que de peu de directives. En revanche, si elle était restée dans le corps d'un enfant pendant deux ou trois ans, il y aurait ici d'autres âmes susceptibles de l'aider en l'arrachant au syndrome du bébé pour la replonger dans l'âge adulte. »

Arthur Ford évoqua ensuite le cas d'un enfant plus âgé :

« Prenons l'exemple d'un enfant épileptique, dont les crises désespèrent tous ceux qui l'entourent et qui l'aiment. Il semble parfaitement normal, sauf dans ses moments de crises incontrôlables. Il lui est, bien entendu, impossible de mener une vie normale, de crainte qu'il ne se blesse gravement dans les instants où il n'est plus lui-même, et la vie devient pour lui un tel tourment que son âme se retire de son corps avant l'heure. Lorsqu'il se réveille de ce côté-ci, il craint d'abord que ses crises ne le reprennent en présence de tous ces inconnus, et il regrette amèrement ses parents et sa grand-mère, qui lui ont prodigué tant de bonté et d'amour. Il appréhende d'ouvrir les yeux de son âme de peur que ces inconnus ne s'emparent de lui, et son angoisse mentale est à son comble.

» Finalement, un médecin célèbre apprend ses soucis et, avec une douceur toute spéciale, lui affirme qu'il recevra le traitement le plus approprié. Il s'occupe de son esprit avec autant de soin et de diligence qu'il se serait occupé sur terre de son corps ; et, ce faisant, il gagne peu à peu la confiance de l'enfant qui se voit débarrassé de ses frayeurs. Le docteur lui présente ensuite d'autres âmes, lesquelles assurent au petit garçon qu'il n'a plus rien à redouter d'un corps qu'il a abandonné. L'enfant se met alors à observer autour de lui, et il constate que nul n'est affublé des corps qui lui étaient familiers. Ils portent des vêtements spirituels plus beaux que tous ceux qu'il a jamais vus sur terre, et nul ne paraît songer à la maladie ou à la douleur. Il va revisiter le foyer qu'il a quitté, et il voit ses parents. Certes, ils éprouvent de la tristesse, mais ils ne le pleurent plus, parce que ce sont des âmes d'élite, convaincues qu'il est maintenant tout entier enveloppé dans l'amour de Dieu et qu'il ne saurait désormais éprouver le plus léger chagrin ou ressentir la moindre douleur.

» Il les bénit avec tout son amour et, dès lors, il mûrit rapidement sous la direction de maîtres qui lui enseignent qu'il est ici adulte au même titre que les autres. En examinant sa vie passée, il comprend qu'il s'était en quelque sorte offert volontairement à ses crises d'épilepsie, parce que, dans une existence antérieure, il s'était montré insensible à la souffrance des autres. C'est ainsi que son âme mûrit et s'élève. Ayant payé sa dette karmique, enfin débarrassé de ce poids si lourd à porter, il est apte à imaginer comment se passera sa prochaine réincarnation.

» Il souhaite faire preuve d'humilité, car dans son existence la plus récente, pourvu de parents riches et instruits, il s'était montré trop fier et exigeant. Il choisira donc la prochaine fois des parents modestes mais capables de se consacrer au bonheur d'autrui. En tant que fils de missionnaire, il étudiera les problèmes qui surgissent en maints endroits d'un monde sous-développé; de cette manière, par d'humbles tâches, son âme s'ennoblira. C'est ainsi que le cycle d'évolution nous aide à nous développer et, par nos propres réactions au sein d'un monde spirituel entre deux réincarnations, nous grandissons en conscience pour devenir, le moment venu, de dignes compagnons de Dieu. »

Elsie avait aussi demandé des précisions sur les sauvages, et Arthur répondit sans se faire autrement prier :

« Considérons le cas d'un aborigène qui, ayant passé toute son existence dans une région païenne, sans contact avec la prétendue civilisation, se retrouve dans le monde des esprits. Il arrive qu'il soit moins surpris de ce qu'il voit que ceux qui ont pratiqué le christianisme et vécu sur des terres civilisées. Car il est familier de la superstition. Chez lui, on avait conscience que les esprits étaient partout, et il y avait un Dieu qui gouvernait le soleil, la lune et le firmament. Il rencontre d'abord ceux qui, comme lui-même, ont craint et aimé les esprits. Ils voient dans tous ses détails leur terre natale et sont aptes à communiquer avec ceux qu'ils ont quittés; ce qui n'est pas toujours le cas de certaines âmes qui, malgré leur culture livresque et les enseignements de leurs parents, sont arrivées ici avec la croyance que tout contact est impossible avec le monde terrestre.

» Notre sujet revisite les lieux qu'il a fréquentés sur terre, et quand il constate qu'il y aurait besoin de pluie, il s'allie à d'autres esprits pour tenter de modifier les courants d'air, afin que la pluie bienfaisante puisse arroser leurs terres. Ces aborigènes ont connu, en règle générale, un nombre plus restreint d'existences terrestres que ceux qui habitent normalement des communautés plus évoluées. Il arrive que, entre deux séjours sur terre, ils aient dormi durant des milliers d'années et ne soient pas encore éveillés aux progrès considérables accomplis sur la terre pendant leur sommeil. Aussi, bien que leurs âmes aient été créées en même temps que toutes les autres, étaient-ils attardés physiquement et mentalement; mais pas forcément sur le plan spirituel, en ce sens qu'ils étaient capables de se rappeler plus nettement l'époque où l'homme et Dieu parcouraient ensemble la surface de la terre.

» Pourquoi les hommes ne se souviennent-ils pas avec plus de clarté de leurs précédentes existences et de ce royaume de l'esprit qui constitue la vraie vie ? Parce que, depuis leur très jeune âge, on les a exhortés à ne pas évoquer de choses imaginaires. Très vite, ils se sont trouvés enfermés dans le cocon de la prétendue civilisation. Bien que, dans les écoles primaires, ils aient lu les légendes de la mythologie grecque et romaine où des êtres fabuleux parcouraient la terre, on ne leur a pas permis de dire qu'ils se souvenaient, eux aussi, d'événements du même ordre. Cet oubli n'est pas seulement délibéré ; il est parfois nécessaire pour bloquer les réminiscences conscientes de vies antérieures, au cours desquelles s'étaient déroulés des événements terribles. Ils ont accepté de réparer une partie du mal infligé à autrui, mais le fait de se rappeler avec trop de précision la cause de leur actuelle souffrance pourrait devenir un insupportable fardeau. »

Arthur Ford aborda ensuite le cas d'un « sauvage » n'ayant jamais connu le christianisme ou une autre forme organisée d'adoration, à l'exception du culte de la jungle.

« Ce garçon, commença-t-il, était décédé des suites d'une morsure de cobra, et il avait vécu neuf ans sur terre lorsqu'il est arrivé ici. Il était complètement barbare, comme quiconque ne s'est jamais trouvé en contact avec une forme de civilisation ; car il s'était peut-être écoulé des milliers d'années depuis sa précédente réincarnation, et il n'avait évidemment fait que fort peu de chose pour progresser sur le plan spirituel. Il a dormi ici pendant des centaines d'années, et il se désintéressait à ce point des autres âmes que, lorsque l'idée lui est venue de se réincarner une fois encore, il s'est un peu senti comme un poisson hors de l'eau. Il ne vivait que pour manger et dormir, et le peu de travail qu'il accomplissait, il ne le faisait que pour éviter les jurons et les coups. Il a donc vécu dans l'ignorance la plus totale, et il est mort de la même manière, sans avoir progressé d'un iota dans toute son existence terrestre. Il n'y avait ainsi aucune raison pour qu'il poursuivît sa vie physique ; et ici, bien que des âmes charitables tentent de l'arracher à sa torpeur, il continue à dormir ou à ne songer à rien d'autre qu'à lui-même ou à ses plaisirs, lesquels se réduisent évidemment à peu de chose. C'est ainsi que s'explique la morsure du cobra : une dette du karma pour ce qu'il avait fait à des êtres moins évolués.

» Ce type d'âmes est franchement attristant, et ce plus encore que sur terre, car il est pratiquement impossible de les amener à prendre conscience de leurs responsabilités. Pourtant, ce garçon n'était pas pire que beaucoup d'autres qui, vivant dans des zones civilisées, se livrent à une destruction systématique. Au cours de leurs précédentes réincarnations, ils ont pu se trouver dans des circonstances identiques à celles de ce garçon qui, des millénaires plus tôt, a pu être également destructeur et, de ce fait, peu enclin à retourner dans le monde terrestre pour payer ses dettes. La croissance spirituelle, l'amour du prochain, l'action constructive sont les clés qui ouvrent le royaume des cieux, alors que ceux qui se servent de la force et de la colère pour détruire s'exposent à de désastreuses conséquences, aussi bien dans leur existence spirituelle que dans leurs futures réincarnations.

8

UN CONTEUR EXTRAORDINAIRE

Arthur prouva son talent de narrateur lorsque, le 30 mars, il entama un dialogue de deux jours absolument fascinant à propos d'un « homme qui se croit prêt pour la sainteté et attend d'être conduit vers le trône de Dieu par l'ange Gabriel dès qu'il arrivera dans le domaine des esprits ».

Voici comment Arthur a raconté l'histoire :

« Cet homme a déclaré à tout le monde qu'il n'avait jamais fait le mal, et il en est intimement convaincu parce qu'il n'a jamais volé, fraudé ou séduit l'épouse d'un autre. Il a travaillé dans une église et dans des institutions charitables, et il est persuadé que cette existence est la seule qu'il connaîtra avant de rejoindre Dieu dans les sphères célestes. Il a contracté une maladie, mais il a eu la possibilité de mettre ses affaires en ordre, léguant ses biens à sa femme, à ses enfants et à diverses œuvres de bienfaisance. Il franchit d'un cœur serein la porte entre les deux mondes, et il se réveille peu après, sans passer par une période de choc, parce qu'il s'était préparé à ce passage. Il voit ici un paysage magnifique et, à quelque distance, remarque des formes drapées dans de longues robes flottantes. Dans son attente fiévreuse, il pressent qu'on vient le chercher pour l'amener devant le divin tribunal qu'il n'a, croit-il, aucune raison de craindre. Les personnages blancs s'avancent, dignes et solennels ; mais, au lieu de le saluer, ils passent sur l'autre rive d'un cours d'eau qu'il n'avait pas encore remarqué. Persuadé qu'ils ne l'ont pas vu, il essaie de crier et constate qu'il n'a pas de voix. Il fait de grands gestes des bras, mais les formes blanches ne regardent pas dans sa direction, et elles ne tardent pas à disparaître à sa vue.

» Quelques instants plus tard, apparaissent des enfants, et il se demande pourquoi, eux aussi, l'ignorent délibérément. Il doit pourtant être aussi visible pour eux qu'ils le sont pour lui. De nouveau, il essaie d'appeler, mais ils ne lui prêtent aucune attention. Il se dit alors qu'il lui faut sans doute projeter sa pensée vers eux. Aussitôt, les enfants se mettent à l'entourer avec des rires joyeux. Il leur demande où se trouve l'ange Gabriel, et ils lui répondent qu'ils n'ont encore rencontré aucun ange. Il aimerait savoir depuis combien de temps ils sont là, mais aucun d'eux n'est à même de lui fournir une réponse précise. Une petite fille lui tend la main et lui propose de le conduire sur l'autre berge de la rivière, où l'on voit des poissons sauter hors de l'eau ; il lui répond qu'il n'a pas le temps de s'adonner à la pêche. Les enfants lui proposent alors de lui enseigner un nouveau jeu ; il répond que son temps est trop précieux pour qu'il se livre à des amusements puérils. Il lui faut poursuivre son chemin. Ayant traversé une route, il cherche des yeux une quelconque habitation. Il finit par apercevoir une échoppe de savetier devant la porte de laquelle un vieillard à longue barbe est en train de confectionner une paire de chaussures. Le cordonnier a volontairement choisi, pour cette occasion, d'apparaître sous les traits d'un homme âgé.

» Le nouveau venu lui demande où il compte vendre ses chaussures. Le vieillard lui répond qu'il n'est pas question de vendre quoi que ce soit. Il essaie seulement de mettre en pratique une idée qui lui est venue : fabriquer des souliers d'un matériau tellement résistant que les enfants seraient dans l'impossibilité de les user. Le nouveau venu lui demande alors de lui indiquer le chemin qui le conduira à saint Pierre ou à l'ange Gabriel, et le vieillard lui répond : "Votre chemin est à l'intérieur." Il croit d'abord que le cordonnier fait allusion à un passage souterrain. Mais il n'a pas encore eu le temps de se mettre à sa recherche que l'autre ajoute : "Restez encore un moment, et ces enfants vous donneront une leçon d'humilité." Le nouveau venu promène ses regards autour de lui, mais il ne voit personne d'autre que le savetier. Les enfants ont disparu.

» "Dis-moi, vieillard, pourquoi n'y a-t-il ici personne pour m'indiquer le chemin qui conduit à Dieu ?" Le cordonnier se remet à son travail, et sa réponse se fait tellement attendre que son interlocuteur s'impatiente. "J'ai une affaire urgente à régler avec le Père éternel. Où puis-je le trouver?" Le savetier lève un instant les yeux avant de les reporter sur son travail. "Regarde donc à l'intérieur." L'homme jette un rapide coup d'œil dans l'échoppe, mais elle est absolument vide. "Est-ce une mauvaise plaisanterie? demande-t-il d'un ton âpre. Je cherche le tribunal divin."

» "Je sais, répond le vieillard. C'est pourquoi je vous ai conseillé de regarder à l'intérieur. Chacun de nous doit se juger lui-même avant d'être digne de rejoindre le Créateur." Le nouveau venu paraît déconcerté. "Mais je n'ai jamais fait le mal, proteste-t-il. Ma vie a toujours été exemplaire, et je suis prêt à affronter Dieu." Le cordonnier garde le silence pendant quelques minutes avant de répondre : "Et que faites-vous de votre orgueil, mon ami, en affirmant être exempt de tout péché?" L'autre est de plus en plus en proie à l'étonnement. "Mais enfin, s'écrie-t-il, je ne vois pas de péché dans le fait de dire que j'ai toujours eu une vie exemplaire. Je me suis donné beaucoup de peine pour cela, et j'espère maintenant trouver ma récompense au paradis."

» "Vous la trouverez ici, répond le cordonnier. Nous y trouvons exactement ce que nous nous sommes préparé dans notre vie terrestre. Permettez-moi de vous raconter une histoire. Lorsque j'étais sur la terre, j'étais prêtre. J'enseignais le catéchisme aux petits, je disais mon bréviaire, j'égrenais mon chapelet, je célébrais la messe, j'allais apporter des secours aux pauvres dans les taudis. Moi aussi, j'éprouvais l'impression que ma vie était entièrement consacrée à Dieu. Je n'avais jamais convoité

128

une femme ni pris un seul sou qui ne m'appartînt pas. Je faisais maigre le vendredi, je respectais le jeûne, et je me conformais à la lettre aux commandements de Dieu. Je ne pouvais imaginer vie plus exemplaire et, lorsque vint l'heure de me dépouiller de mon enveloppe charnelle, je me glorifiai à la pensée que j'allais affronter la Sainte Trinité pour être jugé selon mes mérites. Pourtant, si je tiens compte du temps terrestre, j'attends ce moment depuis soixante-dix ans, et je me rends compte qu'il me faudra connaître encore de nombreuses existences charnelles avant d'être digne de me trouver en présence de Dieu."

» "Mais pourquoi ? s'écrie le nouveau venu, maintenant rempli de crainte et d'alarme. Qu'avons-nous fait qui ait pu offenser le Créateur ? J'ai toujours payé mon denier du culte, comme les autres paroissiens. J'ai sans cesse tenté de purifier mon âme. En quoi avons-nous péché ?"

» Le vieux cordonnier pose ses outils et prend la main de son interlocuteur.

» "Ne le voyez-vous pas encore, mon fils ? demande-t-il d'une voix adoucie. Nous étions trop préoccupés de nos âmes pour nous intéresser aux moins fortunés et les aider dans leur malheur. J'ai enseigné le catéchisme aux enfants, c'est vrai ; mais me suis-je un seul instant inquiété de leurs mères, de leurs pères ? Me suis-je privé d'une partie de mon pain pour que le mendiant du coin de la rue ait un peu moins faim ? De votre côté, avez-vous pris le temps de vous intéresser aux problèmes de vos employés ? Et votre femme, qui aspirait à une vie calme et paisible, l'avez-vous prise par la main pour lui dire : 'Nous trouverons cela ensemble tous les deux'? Étiez-vous trop occupé par vos affaires pour tenter d'apaiser son esprit troublé ? Elle est plus heureuse maintenant, depuis votre départ, que lorsque vous attendiez d'elle qu'elle vous considérât comme une sorte de saint. Regardez donc ce qu'elle fait à présent."

» Le cordonnier disparaît soudain à la vue du nouveau venu, et celui-ci se trouve alors transporté miraculeusement dans le patio de sa propre maison, en Californie. Un autre homme est étendu sur la chaise longue qui était autrefois la sienne, et sa femme s'approche de lui avec un plateau chargé de boissons. Elle semble en parfaite santé et apaisée. L'homme se lève, l'embrasse, et il émane de lui une mâle vigueur tandis qu'il lui déclare : "Nous connaîtrons ensemble une existence merveilleuse." – "Oui, répond-elle doucement, lorsque ma période de deuil sera achevée." – "Nous faudra-t-il attendre longtemps ?" demande l'homme. La jeune femme pousse un soupir. "Je le crains. On ne manquerait pas de jaser et de me montrer du doigt si je me remariais précipitamment. En revanche, je ne puis imaginer que John s'en soucie le moins du monde. Il a toujours été tellement préoccupé de son salut qu'il ne doit guère se soucier de ce qui se passe sur terre." – "Vous pensez donc qu'il est au paradis ?" La femme laisse échapper un autre soupir. "J'en suis convaincue ; j'espère seulement qu'il n'essaie pas de réformer le bon Dieu lui-même."»

Le récit s'acheva sur ces mots, et j'étais persuadée que je n'entendrais plus parler de ce malheureux qui avait tout fait pour devenir un saint. Je me trompais. Le lendemain, Lily annonçait :

« Voici Art, qui va poursuivre son récit. »

Et ce fut effectivement Arthur Ford qui lui succéda.

« Bonjour, Ruth. L'homme ne pouvait pas comprendre pourquoi sa femme, qu'il avait protégée et aimée, parlait maintenant de lui en ces termes. Mais, tandis qu'elle expliquait combien il avait été éprouvant pour ses nerfs de cohabiter avec un homme qui se considérait comme une sorte de perfection dans son genre, il commença à se rendre compte qu'il avait trop cherché à inculquer aux autres ses idées sur la vertu ; eux aussi avaient le droit d'avoir des pensées et des sentiments personnels. Il comprit qu'il n'avait pas su enrichir la vie de sa femme, tant l'amour qu'il lui portait était entaché d'égoïsme. Il avait seulement essayé de la modeler à son image, insistant sur les bonnes actions qui lui vaudraient les éloges de la communauté et augmenteraient son standing aux yeux de ses clients.

» Il se livrait maintenant à une sorte d'introspection, et il devait s'avouer, au fond de lui-même, qu'il s'était en réalité moins soucié de servir Dieu et d'aider ses semblables que de se tailler une réputation d'homme vertueux. Chose plus grave encore, il sentait que, en cherchant à recueillir publiquement les récompenses de ses bonnes actions, il n'avait en fait rien gagné qui fût valable dans le monde spirituel. Il comprenait que l'anonymat est chose nécessaire lorsqu'on fait un don, et que c'est l'unique moyen d'obtenir plus tard des récompenses célestes. Il était maintenant rempli d'angoisse en songeant que l'existence vertueuse qu'il avait menée n'avait été en rien bénéfique à son âme ; il n'avait fait qu'enrichir sa vie physique. Les tâches qu'il avait accomplies pour la communauté, à grand renfort de publicité d'ailleurs, n'avaient fait que meubler des heures creuses et des journées vides.

» Le vieux cordonnier se montrait très compréhensif ; car, en tant que prêtre, lui aussi avait trop pensé au salut de son âme, au lieu de chercher à aider généreusement ceux avec qui il était en contact quotidien. Les deux hommes prièrent de concert, et ils se réjouissaient chaque fois que des êtres vivant sur terre faisaient monter vers le ciel des prières en leur faveur ; des prières dont ils avaient certes grand besoin. Ces deux hommes, qui avaient vécu d'une manière totalement différente, se sentaient maintenant unis par des liens étroits, et ils décidèrent d'intensifier leur recherche de la perfection. Ils quittèrent donc l'échoppe du cordonnier, où l'ancien prêtre avait eu le temps de réfléchir sur les errements de sa vie passée, et ils se joignirent à un groupe qui était en route pour le temple de la sagesse.

» À présent, ils étudient avec nous et commencent à admettre que les mystères du salut sont extrêmement clairs. Il faut avant tout venir en aide aux autres sans retenue ni égoïsme, faire passer leurs intérêts avant les siens propres. C'est pour cette raison essentielle que chacun de nous retourne à maintes reprises à la forme physique. C'est de cette manière que nous voyons si nous sommes capables de nous conformer à la loi première de l'univers que nous apprenons ici. Dans le monde spirituel, cela paraît simple et facile, car nous nous trouvons en harmonie avec des vibrations similaires ; mais lorsque nous nous réincarnons, nous sommes en contact avec ceux qui ne sont pas en harmonie avec nous. C'est là que débute l'épreuve, et c'est pourquoi nous choisissons parfois de rejoindre une famille ayant des goûts différents des nôtres, car le fait de nous adapter à cette famille, de travailler dans un cadre de vie harmonieux nous fait avancer sur le plan spirituel vers le royaume du Créateur.

» Lorsque l'homme dont nous venons de parler eut compris et assimilé cette leçon, il se réjouit de constater que sa femme avait trouvé une âme en accord avec la sienne, un homme auprès de qui elle pourrait passer le restant de sa vie terrestre. Et parce qu'il avait, à sa manière, sincèrement aimé sa famille, il lui dépêcha ses pensées chaleureuses, afin de lui aplanir la route. À présent, il poursuit son avance rapide, et il est au nombre des âmes les plus méritantes, au milieu de celles qui, comme lui, s'attendaient à voir Dieu assis sur un trône d'or, entouré d'anges et de séraphins. »

À quelques jours de là, Ford m'annonça :

« Aujourd'hui, nous allons scruter le cœur et l'esprit d'une femme qui se croit déjà en état de sainteté et s'attend à passer sans transition dans le royaume de Dieu. Ce qu'elle craint le plus, c'est d'avoir d'autres personnages au-dessus d'elle. De ce fait, elle est bien résolue à impressionner saint Pierre par ses façons vertueuses, afin que le jugement prononcé sur elle ne soit pas entaché d'erreur. En se réveillant de ce côté-ci, elle regarde autour d'elle, à la recherche des grilles nacrées qu'elle franchira après avoir été admise par saint Pierre. Mais elle n'aperçoit qu'une sorte d'estrade sur laquelle gît une âme qui se trouve là depuis des millénaires. La prenant pour saint Pierre, elle s'approche et se présente : "Je m'appelle Mary Blunk, et je souhaite être conduite devant Dieu."

» Le vieillard la considère d'un air de pitié et lui suggère de se tenir tranquille; seulement, cette solution n'est pas de son goût. Elle a été malade pendant ses derniers jours sur terre et, maintenant que ses maux ont pris fin, elle est impatiente de s'asseoir aux côtés du Père éternel. Elle ne saurait souffrir le moindre retard; aussi le vieillard lui fait-il signe de poursuivre son chemin. Elle parvient bientôt devant une grille qui n'est ni si belle ni si imposante que celle qu'elle s'attendait à trouver. Elle ne comporte même pas de serrure, et il n'y a pas non plus de portier. Elle la franchit sans encombre et s'engage dans une allée qui gravit les pentes d'un jardin. Il y a là des fleurs à profusion, mais elle ne leur accorde que fort peu d'attention, impatiente d'atteindre le plus rapidement possible l'endroit où elle est certaine d'être attendue. Elle rencontre des gens qui montent l'allée, d'autres qui la descendent, et elle poursuit son chemin, pressant le pas pour dépasser ceux qui semblent avancer avec une certaine difficulté. Elle suppose que ceux qui redescendent ont été refoulés et qu'ils sont maintenant sur le chemin de l'enfer.

» Elle finit par arriver devant une autre estrade, et elle se dit que Dieu doit l'attendre, les bras grands ouverts. Elle arrange ses cheveux et sa robe, car ses vêtements lui paraissent aussi réels que ceux qu'elle lavait et repassait chez elle tous les lundis. Apercevant un beau jeune homme, elle le prend pour un ange et lui demande d'une voix douce : "Voulez-vous, je vous prie, m'annoncer, car je suis impatiente de me prosterner aux pieds de Dieu. Je suis Mary Blunk." Le jeune homme la toise lentement avant de lui répondre : "Mais, madame, certains des nouveaux arrivés sont encore en train de gravir le sentier." Elle lui demande avec insistance d'intercéder auprès de Dieu pour qu'il ne la laisse pas attendre au milieu de cette file de postulants. Son interlocuteur sourit et réplique : "Comment pourriez-vous être sauvée tant que ces autres, qui gravissent péniblement ce sentier, ne seront pas arrachés à l'abîme d'en bas ?" La femme répond qu'elle n'a rien à voir avec eux ; ils lui sont tous étrangers.

» Finalement, un autre homme s'approche d'elle, et il lui semble reconnaître le vieux mendiant qui se tenait à l'extrémité de sa rue et lui tendait son escarcelle de fer-blanc lorsqu'elle tournait l'angle. "Que faites-vous donc ici ?" demande-t-elle. Il répond qu'il a récemment abandonné son vieux corps tout décrépit et qu'il est maintenant en plein stage de développement spirituel. La femme ricane et déclare qu'il se trouve en un lieu qui ne lui convient guère. Après quoi, elle entreprend de gravir les marches conduisant à l'entrée d'un pavillon où elle ne doute pas que Dieu en personne attende sa venue. Elle aperçoit enfin un homme qui lui paraît avoir un visage empreint de spiritualité. Elle lui adresse un petit salut poli de la tête et lui demande de la conduire immédiatement vers Dieu. L'homme lui répond avec la plus grande sérénité : "Madame, nous sommes tous Dieu, ici." Elle jette un regard éperdu autour d'elle pour constater qu'il désigne d'un grand geste du bras toutes les personnes alentour, y compris le vieux mendiant. La chose lui paraît pour le moins insolite, car ce miséreux, d'après son aspect, ne s'est certainement jamais lavé, et elle l'a toujours connu avec des cheveux hirsutes. Pourtant, chose étrange, il émane maintenant de lui une impression de propreté. "Cessez de plaisanter, dit-elle, et conduisez-moi tout de suite à mon Créateur."

» "Voyons, madame, reprend le beau jeune homme, il nous a tous créés, et pas seulement vous. Il n'a pas le temps d'accueillir chacun d'entre nous dans le cadre de cette étape temporaire de développement. Cet homme que vous croyez être un mendiant sera pour vous un excellent instructeur pendant cette période intermédiaire, jusqu'au moment où nous pourrons vous aider, vous et d'autres, à atteindre un sommet plus élevé." Mais la femme ne veut rien entendre; elle ne veut pas de mendiant comme instructeur. Ni de lui ni de personne, d'ailleurs. Elle ne veut avoir affaire qu'à Dieu et, une fois de plus, elle exige qu'on lui indique où elle peut le trouver. D'autres se rassemblent, et certains d'entre eux demandent aussi à voir

Dieu. Ils veulent savoir où Il est, et la femme proteste parce que certains risquent de passer devant elle dans la file d'attente.

» Finalement, le jeune homme se tourne vers la foule des nouveaux venus et déclare d'une voix douce : "Écoutez! Dieu est partout. Dieu est amour, et si chacun d'entre vous apprend à aimer, à aider autrui, alors Dieu sera présent." La femme demande encore : "Où donc est Son divin tribunal ?" Et le jeune homme de répondre : "Vous êtes assise dessus, madame." Elle regarde autour d'elle, mais n'aperçoit aucun siège d'aucune sorte. Et, soudain, elle entrevoit comme en un éclair le sens des paroles qui viennent d'être prononcées. C'est elle qui doit être son propre juge. Nul ne lui dira si elle a mené une vie pure et sans tache. Il lui faut le déterminer elle-même, et, dès qu'elle commence à sonder son propre cœur, elle découvre la terrible vérité. En s'efforçant de vivre d'une manière irréprochable, elle n'a pensé qu'à elle et à son propre développement spirituel. Elle était trop concentrée sur elle-même pour se donner la peine d'adresser seulement un mot de réconfort à ceux qu'elle jugeait de condition inférieure. Elle est même allée jusqu'à éviter tout contact avec eux par crainte de la contamination. Où était, dans tout cela, l'amour d'autrui ? La réponse à cette question, elle la connaissait : elle se trouvait au fond d'elle-même. Dieu n'aurait pas été plus clair dans Son jugement. Elle connaissait bien son cœur et distinguait maintenant ses défauts et ses lacunes. Et lorsqu'elle tentait d'évaluer les qualités du mendiant qui se tenait non loin de là, elle sentait que dix mille ans ne lui suffiraient pas pour lire au fond du cœur de cet homme. »

Le lendemain matin, Ford aborda le cas d'une autre femme nouvellement arrivée qui était remplie de chagrin à la pensée de la famille qu'elle avait quittée sur terre. Au cours de la maladie qui l'avait emportée, elle avait eu conscience de n'avoir plus très longtemps à vivre et, maintenant, elle était écrasée par la séparation d'avec son mari et ses enfants, au point qu'elle se refusait à toute adaptation au niveau spirituel. Et Arthur d'expliquer :

« Elle veille sans cesse auprès de son mari et de ses enfants, essayant d'influencer chacun de leurs gestes, cherchant désespérément à attirer leur attention sur sa présence auprès d'eux. Rien de ce que nous pouvons lui dire sur sa vie spirituelle parmi nous ne l'intéresse vraiment. Elle ne cherche qu'à poursuivre cette vie physique au milieu de ceux qu'elle a aimés et dont elle sent qu'ils ont besoin de son aide. Elle tente de partager leurs plaisirs, mais veut absolument protéger ses enfants contre toutes les tentations. "Maman sait mieux que n'importe qui", tel est le leitmotiv, même s'ils lui semblent totalement inconscients de ses avertissements. De bonnes âmes font ici de leur mieux pour apaiser ses craintes et lui faire admettre que chaque âme, au plan terrestre, doit vivre en accord avec sa propre lumière, sans se laisser dominer par quiconque; il en est d'ailleurs de même dans le monde spirituel. Mais elle n'accomplit aucun progrès. Or, ce qui ne progresse pas dépérit. Son âme se dessèche, pour ainsi dire, pathétiquement privée de lumière et d'espoir. Elle refuse d'écouter les paroles de sagesse qu'on lui prodigue et s'obstine à vouloir continuer à vivre avec ceux qu'elle a laissés sur terre.

» Finalement, elle tombe dans un sommeil profond, et cet état d'inconscience peut durer des semaines, des mois, des années, voire des siècles. Lorsqu'elle se réveillera enfin, elle constatera que sa famille physique se tire parfaitement d'affaire sans elle, que chacun de ses membres s'est bien adapté à la vie et qu'elle n'est pas aussi indispensable qu'elle s'était plu à l'imaginer. À présent, elle est mieux disposée à entendre raison, à écouter les suggestions des autres âmes, dont beaucoup ont connu avant elle des expériences traumatiques similaires. Par leurs conseils éclairés, elles l'incitent à entreprendre son éveil spirituel. Elle commence à comprendre que, dans le monde physique, elle a été une force plus destructrice que constructive, trop autoritaire avec ses enfants, trop possessive dans son amour maternel. Elle récapitule tous ses défauts, toutes ses erreurs et ses lacunes ; puis elle décide de réparer ses torts. Elle se promet que, si elle a un jour l'occasion de reprendre sa forme charnelle, elle sera tolérante et n'imposera pas aux autres le fardeau pénible de son autorité et de sa possessivité.

» Elle assiste maintenant, dans le temple de la sagesse, à des cours où elle apprend la différence entre l'amour égoïste et l'amour désintéressé. À présent, lorsqu'elle voit ses enfants sous leur forme terrestre, elle leur envoie ses pensées affectueuses et sa bénédiction maternelle sans essayer ni de les dominer ni de les influencer. Nous observons nous-mêmes les changements qui se sont opérés en eux. Auparavant, ils étaient émotifs, craignant sans cesse de déplaire à leur mère ; maintenant, ils sentent le rayonnement de son amour. Ils osent prendre des décisions, car ils la sentent détendue et heureuse. Elle-même, constatant leur évolution, regrette son attitude passée à leur égard. Elle avance lentement sur le chemin de la spiritualité, jusqu'au jour où elle se réincarnera en une créature plus raisonnable et moins égoïste. »

Peut-être parce que Arthur Ford a été ministre du culte, il aime parler de prêtres – ou de « prêcheurs » –, pour employer le terme qu'il affectionne. Peu de temps après qu'Elsie Sechrist lui eut suggéré de décrire quelques cas spécifiques, il me parla d'un prêtre qui avait incité ses paroissiens à devenir de meilleurs chrétiens et avait parlé, dans ses sermons, de la vie dans l'au-delà.

« Ce prêcheur a, de temps à autre, éprouvé des doutes quant à certaines descriptions de la Bible concernant le Jugement dernier et la Résurrection. Mais il poursuit sa route dans le même sens, parce qu'il est persuadé que la doctrine de l'Église constitue encore le plus sûr moyen de s'approcher du Père éternel. Et il donne généreusement beaucoup de lui-même pour venir en aide aux malades de sa paroisse, pour encourager ses ouailles à mener une existence digne et honnête. Il se tracasse rarement à propos de son avenir personnel, parce qu'il a la conviction que, ayant mené une vie sans reproches, il fera partie des élus qui iront se grouper autour du trône de Dieu.

» Conforté dans sa foi, il quitte finalement sa forme charnelle et, après un sommeil de courte durée, se réveille dans un endroit paisible. Il aperçoit une église, derrière laquelle on distingue un cimetière. Il se sent presque chez lui, car cela correspond parfaitement à ce à quoi il faisait souvent allusion autrefois : l'église et le tombeau. Il se dirige vers le bâtiment et constate que le service est sur le point de commencer, en présence d'assistants endimanchés. Au son de l'orgue, il remonte la nef jusqu'à la chaire. Il se prosterne devant l'autel et invite les gens à la prière. Puis la musique s'élève de nouveau et, tandis qu'il promène ses yeux sur l'assemblée, il distingue des visages familiers. C'est un peu comme s'il était invité dans une autre paroisse que la sienne en tant que prêtre. Il choisit pour thème de son sermon le texte "Sais-tu que tu es pécheur ?". Il se demande aussitôt la raison de ce choix particulier, comme s'il cherchait à juger ces étrangers, et il ressent un certain embarras. Pourtant, nul ne semble surpris. Finalement, il déclare que nous serons tous jugés par Dieu et irons au paradis ou en enfer.

» Les assistants sourient d'un air indulgent, et il s'étonne de cette réaction qui lui paraît bizarre. Il les met en garde contre le feu et les tourments de l'enfer, mais ils se mettent à rire sous cape d'un air entendu. Il est encore plus surpris lorsqu'ils se lèvent tous ensemble pour lui souhaiter la bienvenue et déclarer qu'ils ont hautement apprécié son sermon. Mais ils sont maintenant disposés à le mettre sur la bonne route, disent-ils. Il n'a jamais constaté pareille réaction chez ses paroissiens, et il se demande si tout cela n'est pas un rêve dont il va se réveiller. Mais non.

» On le conduit hors de l'église, puis on lui fait prendre le chemin du cimetière, où on lui montre sa propre tombe sur la pierre de laquelle sont gravées la date de sa naissance et celle de sa mort. "Vous êtes désormais des nôtres, dit un assistant, et ici nul n'est jugé que par lui-même. Nous sommes prêts à vous aider dans toute la mesure du possible et à vous écouter chaque fois que vous aurez envie de prêcher ; mais, en attendant, commencez par faire votre propre examen de conscience. Et reposez en paix. »

Elsie Sechrist avait aussi suggéré à Ford de débattre d'un cas où deux personnes amoureuses l'une de l'autre sont dans l'impossibilité de se marier.

« Prenons, dit-il, l'exemple d'une femme souhaitant épouser un homme déjà lié à une autre qui est *non compos mentis*. Tous les deux s'aiment sincèrement, mais les lois humaines interdisent à un homme de divorcer d'une compagne hospitalisée pour déficience mentale. Les deux amoureux vivent en se désirant mutuellement, mais sans pouvoir se réunir. Et la malade leur survit à tous les deux.

» Lorsqu'ils arrivent ici, à quelques mois d'intervalle, ils sont ivres de joie et de bonheur. Ils semblent ne former qu'une seule âme. Ils ont vécu sur terre en respectant les règles de la morale, et ils auront ici la plus belle des unions qui se puisse concevoir. L'institution du mariage n'existe pas, mais la fusion de leurs deux âmes n'en est pas moins profonde et sublime. Peut-être étaient-ils des âmes jumelles au cours de vies antérieures et avaient-ils espéré se retrouver lors d'une réincarnation. Hélas ! un événement fortuit s'est mis en travers de leur route. L'homme, ayant perdu conscience de la femme qu'il aimait réellement, en a épousé une autre. D'où le drame de la séparation sur cette terre.

» À présent, ils sont réunis, et rien ne les séparera, à moins qu'ils ne le désirent tous les deux, ce qui est hautement improbable, car ils sont en réalité unis depuis le commencement des temps. Peut-être vous demandez-vous ce qu'est une "âme jumelle". Ce n'est pas autre chose que la fusion intime de deux âmes, fusion dans laquelle chacune se sent renforcée par la proximité de l'autre. Certaines sont plus indépendantes que d'autres, exactement comme un cœur est habitué à fonctionner tout seul, alors que deux doigts ou deux orteils ont besoin l'un de l'autre. Il en est de même pour les âmes : certaines sont indépendantes, d'autres dépendantes. Et nul ne pourrait dire ce qui vaut le mieux, car nos corps ne sont que des projections de la pensée du Créateur, qui a fait volontairement des parties dépendantes et d'autres indépendantes. Mais chacune des parties, quelle qu'elle soit, participe nécessairement à la perfection de l'ensemble. »

Je demandai à Ford si les âmes, au stade spirituel, possèdent une identité sexuelle.

« Non, me répondit-il. Nous sommes à la fois mâle et femelle. Ou, pour mieux dire, nous ne sommes ni l'un ni l'autre, mais simplement un "moi" unique, chacun différent de l'autre, tout en possédant la plénitude d'un tout. Ici, comme je crois l'avoir déjà précisé, il n'existe pas d'acte sexuel, puisqu'il n'y a pas de sexes à proprement parler; mais nous sommes à même de nous mélanger si intimement à ceux que nous aimons que l'union est encore plus parfaite que sous la forme physique. »

Je voulus ensuite savoir la raison de l'existence des homosexuels, et il me répondit :

« Ceux qui retournent au corps charnel avec des sexes confus n'ont pas été capables de déterminer s'ils souhaitaient revenir sous l'aspect d'un homme ou sous celui d'une femme. Leurs impulsions étaient si faibles d'un côté comme de l'autre qu'ils ont conservé en eux-mêmes un certain trouble. C'est ainsi qu'il apparaît des comportements bizarres et que certains corps sont habités par des âmes incapables de choisir un sexe déterminé. »

9

REMARQUES SUR
DES PERSONNALITÉS CÉLÈBRES

Je suis très curieuse de nature, et je m'intéresse passionnément aux gens. Aucun ami avec qui j'ai eu l'occasion de correspondre ne s'est montré aussi obligeant qu'Arthur Ford. Il a bien voulu me fournir les réponses aux nombreuses questions que je me posais sur des personnalités, de vieux amis, sur tous ceux qui ont fait montre d'une activité importante dans le domaine psychique. Il m'a donné des nouvelles de mon père et aussi d'autres parents ; mais d'un plus grand intérêt encore sont les renseignements qu'il m'a fournis sur des figures dominantes de la politique, du théâtre, du cinéma. J'ai classé les noms en diverses catégories, bien qu'il me les ait souvent fournis dans le plus grand désordre. Chaque fois que je lui dressais une liste, il me répondait invariablement : « Nous allons procéder pour vous à une petite enquête, et je vous donnerai le résultat lorsque nous aurons rassemblé les faits. »

Au début du mois, il écrivait :

« Martin Luther King junior n'est pas ici en ce moment. Il restera absent pendant un certain temps, car il s'occupe activement de nouveaux venus qui sont morts au combat ; mais il nous arrive tout de même de l'apercevoir de temps à autre. Il passe actuellement de longues périodes sur les champs de bataille du Viêtnam et d'ailleurs. Il n'éprouve aucune rancune, et il est trop occupé à contrôler le bien-être des combattants pour songer à l'homme qui a éteint si brutalement la flamme de sa vie terrestre.

» On voit souvent Winston Churchill en conversation avec Franklin Roosevelt. Ils semblent plus proches l'un de l'autre qu'ils ne l'étaient durant leur vie physique. Roosevelt s'intéresse beaucoup à la situation politique en Grande-Bretagne, et Winnie aux émeutes et attentats qui se produisent aux États-Unis. Tous deux se passionnent pour les questions philanthropiques, et ils se demandent comment persuader certains hommes et certaines institutions charitables de réaliser leurs projets. Mrs Roosevelt n'est pas souvent ici, car elle est plongée dans l'inextricable situation de l'Afrique du Sud, soutenant la cause des Noirs et s'efforçant d'obtenir que justice soit rendue par les comités internationaux. Elle est tellement accaparée par son action humanitaire qu'on la voit rarement dans les parages, et seulement pendant les quelques instants où elle vient s'entretenir avec Franklin. Ensuite, elle repart pour effectuer ses interminables tournées à travers le monde et combattre pour la cause des opprimés. C'est une âme d'une grande noblesse, mais parfois un peu lassante, car il lui manque la sérénité de ceux qui jugent préférable de laisser régler certains problèmes par Dieu que par les hommes. »

Et Whitney Young, récemment arrivé parmi vous ?

« Il se trouve déjà à la table des négociations. Il ne s'est écoulé que quelques secondes entre sa mort physique et son réveil ici. Une belle âme, lui aussi, qui combat pour la justice et la liberté. Il affirme que chaque problème n'a pas seulement deux faces mais plusieurs, et il espère bien ouvrir les yeux des responsables sur ce principe. Il ne s'agit pas de dire "oui", "non" ou "peut-être". Il faut dire : "Comment allons-nous résoudre ensemble ce problème ?" »

Un autre jour, après avoir consulté certains documents d'archives, il commença :

« Nous allons parler aujourd'hui de George Washington Carver, cet homme de couleur qui a tellement fait pour la culture de l'arachide. Il est resté très longtemps parmi nous, travaillant avec des savants – des deux côtés du rideau – dans le but d'améliorer la culture d'autres produits destinés à soutenir l'économie du Sud. Mais, plus récemment, il est retourné en Amérique sous la forme d'un jeune Noir de Harlem. Afin de préserver son intimité, nous ne préciserons pas le lieu où il se trouve en ce moment. Tout ce que je puis dire, c'est qu'il sera intéressant à observer, car il était de race blanche avant d'être Carver. Seulement, ayant autrefois maltraité des esclaves, il s'est volontairement réincarné sous les traits d'un Noir, dans le dessein d'expier ses fautes passées.

» Ayant accompli de si belles choses en tant que Carver, il a obtenu le privilège de choisir sa race. Selon les normes terrestres, il a maintenant environ treize ans, et il promet beaucoup. Sa famille prend une part active à la vie politique de l'Amérique, mais je ne puis en dire plus pour le moment. »

J'avais aussi demandé à Ford de me parler d'hommes politiques du passé.

« Commençons par Abraham Lincoln, si vous le voulez bien. Une âme exceptionnelle qui éprouvait une intense compassion pour tous. Il s'est réincarné après une longue période passée ici, et il vit maintenant à La Nouvelle-Orléans, où il étudie les problèmes raciaux qui déchirent le Sud. Il est adulte, bien sûr, et il travaille en relation avec des universités et diverses fondations pour tenter de mettre au point des solutions valables.

» George Washington ne sera pas parmi nous pendant un certain temps, car il se repose après une période fort dure qu'il a passée au Viêt-nam comme combattant. Nous préférons ne pas en dire davantage sur sa dernière identité, hormis le fait que, ayant accompli une incursion au-delà des lignes ennemies, il a été fait prisonnier.

» Charles de Gaulle surveille attentivement l'évolution de la situation en Europe et au Moyen-Orient. Il a mis un certain temps à réagir, mais il est maintenant prêt à reprendre du service toutes les fois qu'une ombre inquiétante passe sur la France. Il pense d'ailleurs davantage à une stratégie de paix qu'à la guerre, et il souhaiterait participer à une mission pacifique destinée à régler ou, du moins, à améliorer la situation au Moyen-Orient. »

Arthur Ford aborda ensuite, sur ma demande, quelques sujets touchant à l'Union soviétique :

« Staline s'est réincarné, expliqua-t-il, mais pas en Russie. Il est allé vers une autre région troublée, où il espère instaurer un gouvernement dictatorial, car il faut bien avouer que son passage parmi nous ne lui a pas appris grand-chose. Il n'était pas vraiment prêt à repartir, mais il a sauté sur l'occasion de se réincarner dans le corps d'un enfant de Rhodésie. Navré d'avoir à vous communiquer cela, mais vous avez insisté pour savoir.

» Karl Marx est encore ici, et il n'éprouve pas la moindre sympathie pour Staline. Lorsqu'ils étaient ensemble de ce côté-ci du rideau, ils s'évitaient et, autant que je puisse le savoir, ils n'ont jamais eu aucun entretien. Marx est d'avis que Staline lui a démoli son rêve d'égalité de l'homme, et il s'efforce d'aider les étudiants à replacer l'ensemble du mouvement marxiste dans sa vraie perspective. Il voudrait que l'on se souvienne de l'influence qu'il a pu avoir sur l'esprit des hommes. Pourtant, cela constitue une erreur de tactique, car nous ne devons pas chercher à nous rappeler les exploits – réels ou imaginaires – accomplis durant notre vie physique. Marx a-t-il aidé ou entravé la marche en avant de l'humanité ? Il ne m'appartient évidemment pas d'en juger.

» Thomas Jefferson vit aujourd'hui en Virginie ; mais, étant encore fort jeune, il n'a pas eu l'occasion de faire preuve de ses capacités. Et, lorsqu'on a, comme lui, atteint le faîte de la gloire, on ne peut se permettre de commettre ensuite des erreurs.

» En ce qui concerne les deux reines sur qui vous m'avez posé des questions, je puis vous dire qu'elles ne se trouvent pas ici depuis très longtemps, étant donné qu'elles se sont réincarnées à plusieurs reprises depuis l'époque où elles régnaient sur l'Angleterre et l'Écosse. »

Il faisait allusion, naturellement, à Elizabeth 1re et à Mary, reine d'Écosse. Je lui demandai ensuite s'il pouvait me parler de Thomas E. Dewey, qui était récemment passé de l'autre côté du rideau.

« Un homme remarquable, me répondit-il, prêt à poursuivre ses études sur la spiritualité. C'est un "battant" – si vous me permettez ce terme moderne – et un esprit brillant qu'il est agréable d'avoir avec soi. Inutile de se faire du souci pour des êtres tels que lui. Un jour, peut-être pas très lointain, il reprendra du service. »

J'avais aussi précédemment demandé des renseignements sur certaines vedettes de cinéma.

« Marilyn Monroe reprend lentement un peu de force et de courage, après une période de torpeur qui a duré un certain temps, conséquence de son abus des drogues et des circonstances tragiques de sa mort. Mais son état ne saurait tarder à s'améliorer. Elle a ici beaucoup d'amis et d'admirateurs qui ne demandent qu'à l'aider. Dans une de ses précédentes existences, elle était une très grande dame, ce qui lui a rendu doublement difficile le fait de choisir, pour se réincarner, les bas-fonds de la société pour y apprendre l'humilité et la compassion. Je pense qu'elle y est presque parvenue et que, lors de sa prochaine réapparition sur terre, elle approchera de la perfection, à moins qu'elle ne se laisse de nouveau dominer par les passions et les appétits coupables.

» Clark Gable est admiré ici tout autant qu'il l'était là-bas. Une âme très virile avec une grande propension au bien, désireuse de venir en aide à autrui. De sorte que nous n'éprouvons pas la moindre crainte pour ses progrès futurs dans le domaine spirituel. Il s'occupe activement du problème des acteurs au chômage, les aide à trouver des engagements susceptibles de les tirer de leur mauvaise passe, et ce, en attendant le renouveau de l'industrie cinématographique, la seule chose nécessaire à cette renaissance étant un retour à la morale. Alors, les spectateurs se précipiteront de nouveau dans les salles obscures.

» Rudolf Valentino est réincarné depuis des années, et il vit maintenant à Paris en compagnie de son épouse. »

Je me rappelai soudain que j'avais omis de m'informer sur mon vieil ami Alben W. Barkley, ce cher « Veep » (vice-président). Je n'avais pas plus tôt mentionné son nom que Ford se mit à parler sans un instant d'hésitation :

« Heureux comme un coq en pâte. Jeune, gai et aussi jovial qu'il l'était parmi vous. Jane (Hadley Barkley) et sa première épouse sont devenues de grandes amies. Elles plaisantent souvent ensemble, tout en s'adonnant à l'étude. Barkley souhaite pouvoir parvenir un jour à la présidence du Sénat. "On n'est jamais trop vieux !" dit-il avec un petit rire. Quel flot de souvenirs cela n'évoque-t-il pas ? Le vice-président déçu de 1952, présentant sa candidature à Chicago, lorsque les chefs syndicalistes qu'il avait si fidèlement soutenus en toutes circonstances se dressèrent contre lui en déclarant qu'il était "trop vieux". »

Étant donné l'intérêt que je porte au domaine psychique, j'étais particulièrement avide de connaître les progrès de ces bonnes âmes qui, dans les temps anciens, avaient bravé l'opinion en affirmant leur croyance en la réincarnation et en la possibilité de communication entre les vivants et les morts. Au début du mois d'avril, Ford écrivait :

« Nous allons aujourd'hui parler d'Edgar Cayce, ainsi que vous me l'avez demandé. Il se trouve bien parmi nous, et il travaille dur. Il se livre à des expériences destinées à aider les autres à utiliser leurs forces intuitives naturelles. Il ne tardera pas, je crois, à retourner à l'état physique, étant convaincu que, cette fois, il pourra achever ses cycles de renaissance et parvenir non loin de la perfection, ce qui lui vaudra de ne pas endurer de trop pénibles épreuves. Lorsqu'il est arrivé ici, il était extrêmement fatigué et a dû se reposer pendant un certain temps ; mais à présent, il participe aux activités de l'A.R.L. (Association pour la recherche et la lumière). C'est un homme fort intéressant et une grande âme, qui est respecté des deux côtés du rideau. Sa femme, Gertrude, travaille avec lui, et leur entente est absolument parfaite. Je ne l'ai pas vu personnellement, mais je tiens ces renseignements de ceux qui connaissent bien sa position éminente parmi nous. »

Je demandai alors à Ford s'il avait vu Parmahansa Yogananda, le célèbre yogi sous la conduite de qui il avait travaillé pendant un certain temps, afin de développer ses pouvoirs psychiques.

« Non, me répondit-il, car ce maître merveilleux se trouve dans une autre dimension, et on affirme qu'il effectue des travaux d'une importance capitale dans une atmosphère raréfiée, si je puis ainsi m'exprimer. Il est la personnification de la bonté, et il sera certainement à même de surpasser tous ceux qui ont déjà atteint ce stade élevé; cela en raison de son psychisme extrêmement développé et aussi des recherches auxquelles il s'était déjà livré avant d'arriver ici. C'est véritablement un maître dans le meilleur sens du terme. »

Ma première incursion dans la littérature psychique de notre époque fut *The Unobstructed Universe* (L'Univers sans limites), de Stewart Edward White, ouvrage dans lequel il décrit la remarquable communication psychique entre sa femme Betty, récemment décédée, et Joan qui, en 1920, publia en collaboration *Our Unseen Guest* (Notre hôte invisible). La véritable identité de Joan demeura secrète jusqu'à ces dernières années, à savoir jusqu'au moment où Fletcher, s'exprimant par l'intermédiaire d'Arthur Ford – celui-ci en état de transe –, déclara que Joan n'était autre que Ruth Finley. Vers le milieu du mois de février, Ford écrivait par le truchement de ma machine :

« Betty White n'a eu besoin de séjourner que

peu de temps avant d'être admise au troisième niveau, puis au quatrième et au cinquième. Elle avait fait œuvre fort utile sur le plan terrestre et, étant donné son enthousiasme pour les connaissances ésotériques, elle a pu conserver son avance de ce côté-ci de la porte. Ruth Finley est, elle aussi, très haut placée, ainsi que ses deux maris, qui avaient si bien collaboré au plan physique. »

Deux mois plus tard, alors qu'il me décrivait les progrès rapides susceptibles d'être accomplis de l'autre côté par ceux qui ont déjà su développer leur psychisme sur la terre, Ford écrivait :

« Betty White était une âme de cette espèce, qui nous a souvent rendu visite dans son enveloppe charnelle et qui savait à quoi elle devait s'attendre ici. Elle ne se manifestera pas par l'intermédiaire de médiums car, après l'arrivée de son mari, elle est montée avec lui à un niveau plus élevé. Ils y travaillent avec des savants qui ont besoin d'experts pour les seconder dans leur exploration des espaces intérieur et extérieur. Ce sont des spécialistes de haut niveau et, sans être des âmes absolument parfaites, ils ont une aura extrêmement brillante. Je les ai aperçus à plusieurs reprises, alors qu'ils accomplissaient leur tâche. »

Puisque Ford avait vu Betty et Stewart Edward White, il paraissait évident que lui aussi progressait rapidement dans sa marche vers la perfection spirituelle. C'est d'ailleurs ce que m'affirma Lily.

« Arthur a pris une bonne avance sur beaucoup de ceux qui nous arrivent, parce qu'il avait fait d'immenses efforts lorsqu'il était sur terre et se trouvait, de ce fait, prêt à franchir l'étape suivante. »

Un peu plus tard, Arthur mentionna de nouveau Joan (Ruth Finley) et me déclara :

« Elle ne sera pas en mesure de travailler avec vous en ce moment, en raison d'un problème de longueur d'ondes et de vibrations personnelles. Toutefois, elle me fournit des renseignements qui vous seront précieux pour la rédaction de votre ouvrage. Elle est souvent parmi nous, mais c'est par un choix délibéré, car son travail exige qu'elle soit en contact avec ceux qui se trouvent encore sur terre. Elle applaudit à vos efforts pour faire éclater la vérité dans vos livres, et elle dit regretter de n'avoir pas eu le courage de faire connaître son identité lorsqu'elle était sous sa forme charnelle, car elle aurait pu tenter de faire admettre aux non-croyants que Dieu a une existence réelle et que nous sommes tous éternels. »

Un autre jour, je demandai à Ford s'il avait vu Arthur Conan Doyle et Oliver Lodge.

« Ils sont encore ici, me répondit-il, et nous avons eu ensemble des entretiens fructueux. Ils sont d'ailleurs extrêmement évolués et auraient pu retourner au monde physique dans des situations de leur choix. Mais ils sont rebutés par la violence qui règne actuellement sur terre, et ils ont conscience de faire ici du meilleur travail. Ils finiront tout de même par se réincarner, mais pas tant que votre monde sera en ébullition et que l'on verra de jeunes fous se conduire en criminels, incendier des bibliothèques, des universités ou des laboratoires de recherche. C'est une bien triste chose que de voir des soi-disant jeunes – qui ont déjà fait des séjours ici – tenter d'éteindre la lumière de la civilisation. Il faut dire que ce sont des inadaptés, des incompétents, des hooligans qui ne se sont jamais accoutumés de notre côté et qui, ayant vu autrefois leur jeunesse décimée par la guerre, ne songent maintenant qu'à détruire. »

À quelque temps de là, je demandai à Arthur s'il voyait, dans le monde psychique, un autre personnage de stature exceptionnelle.

« Voulez-vous que je vous parle d'Emmanuel Swedenborg ? Une lumière, une sorte de fanal, une âme qui n'aura plus besoin de se réincarner. Quelle fantastique poussée n'a-t-il pas imprimée à notre œuvre ! Si seulement les hommes avaient daigné ouvrir leurs oreilles et fermer leur bouche, au lieu de faire l'inverse, il aurait pu les faire avancer de plusieurs siècles en pensée et en développement spirituel. Rares sont les grandes âmes qui donnent autant d'elles-mêmes, imperméables aux critiques de leurs concitoyens qui les prennent pour des fous ou des illuminés. »

Je voulus également savoir si Arthur avait rencontré Houdini, le célèbre magicien qui avait envoyé un message codé destiné à sa femme, et ce, par l'intermédiaire de Ford lorsque celui-ci vivait encore sur terre.

« Non, il n'est plus parmi nous : déjà réincarné, ainsi que sa femme. Mais ils sont encore trop jeunes sur terre pour que nous puissions présumer de ce que sera leur vie cette fois. »

Je me souvins alors du mystère qui avait entouré la disparition de la célèbre aviatrice Amelie Earhart, quelques années auparavant.

« Elle a sombré dans le Pacifique, me répondit Ford, à la suite d'une panne de carburant, et elle s'est noyée. Elle et son copilote sont encore ici, et ils ont été surpris du bruit qu'avait fait leur disparition. Ils ne sont pas tellement pressés de reprendre un avion, préférant se livrer ici à des recherches sur les moteurs à explosion et les radars. »

Cette discussion sur l'aéronautique m'incita à poser une question sur Virgil Grisson qui, avec deux autres astronautes, a perdu la vie dans une tragique explosion à bord d'un engin spatial au cours d'un vol simulé.

« Un homme exceptionnel, me dit Arthur, qui a donné sa vie pour un idéal. Mais, fauché dans sa prime jeunesse au sommet de la gloire, et bien que l'accident ne lui soit pas imputable, il lui sera impossible de se réincarner à son gré. Tout dépendra de Virgil. En ce moment, il travaille activement aux plans d'un propulseur dynamique ne dégageant aucune fumée et qui révolutionnera le trafic aérien. Naturellement, il ne perd pas de vue le programme spatial ; mais son intérêt principal porte sur cette méthode de propulsion qui n'aura pas besoin de carburant, l'appareil utilisant la poussée dynamique de courants d'air puissants et pouvant atteindre de cette manière une vitesse phénoménale. »

L'éditeur Ellis Amburn m'avait suggéré de poser des questions sur Beethoven, Hemingway, Napoléon, l'évêque Pike, ainsi que sur le fils de ce dernier qui s'était suicidé.

« Commençons par Beethoven. Il s'est envolé vers les plus hautes sphères, où il est sans aucun doute en train de composer de la musique d'après les ondulations et les vibrations de l'univers capables de produire de fantastiques sons interplanétaires. Il a été musicien au cours de plusieurs existences, avant de devenir Ludwig von Beethoven. Dans cette dernière vie, il a beaucoup souffert de sa surdité, payant de cette manière ses dettes anciennes, de sorte qu'il n'a nul besoin de se réincarner, à moins qu'il ne le désire.

» Hemingway est ici, comme il l'était chez vous, une espèce d'ours. Il faut savoir que, au cours de vies précédentes, il a été berbère et a également fait partie d'une de ces tribus de Huns qui se battaient pour le seul plaisir de se battre et ne goûtaient que la brutalité la plus sauvage. Même alors, c'était un homme de valeur, bien qu'assoiffé de sang. Néanmoins, il a accompli d'immenses progrès en tant qu'Ernest Hemingway écrivain, tout en conservant une certaine dose de cette brutalité dont il se servait pour exciter les passions. Certes, la façon dont il s'est suicidé en se tirant une balle dans la tête a sérieusement compromis l'avance spirituelle qu'il avait pu accomplir. Il possédait tout : le talent, la renommée, la richesse, des amis, et il a néanmoins jugé bon de mettre fin à ses jours. Un acte qu'il ne faut jamais commettre, Ruth. Veuillez me pardonner, mais je ne souhaite pas m'appesantir sur ce cas particulier. »

Arthur Ford reprit après une assez longue pause :

« En ce qui concerne Napoléon, je dois dire que, depuis le début du spiritualisme, tous les soi-disant médiums ont vainement tenté de le faire se manifester au cours de leurs séances. En voici la raison. Il s'est réincarné presque aussitôt, car il rêvait d'une autre bataille victorieuse. Il l'a trouvée, mais en tant que simple fantassin. Depuis, il a eu deux autres existences, au Portugal et au Brésil, mais d'assez brève durée. C'est ce que vous appelleriez aujourd'hui un "battant", à qui il faut sans cesse de l'activité, et c'est pourquoi il ne désire pas passer ici de longues périodes d'inactivité. »

Avant de donner les réponses de Ford aux questions concernant l'évêque Pike et son fils, il me paraît opportun de rappeler l'étroite association d'Arthur avec ce prélat très controversé. Son fils, âgé de vingt-deux ans, se donna la mort en février 1966 dans une chambre d'hôtel de New York. Deux semaines plus tard, des phénomènes étranges commencèrent à se manifester dans l'appartement de l'évêque, à l'université de Cambridge. Un matin, toutes les pendules s'arrêtèrent à 8 h 19, l'heure exacte où le jeune Pike s'était suicidé. Puis, des épingles de sûreté se mirent à tournoyer dans l'air, ouvertes au même angle que les aiguilles des pendules. Deux autres personnes travaillaient en compagnie de Pike, et tous trois perçurent des bruits bizarres en provenance d'une penderie. Lorsqu'on en ouvrit la porte, ce fut pour constater que les vêtements gisaient sur le sol dans le plus grand désordre. Tandis qu'ils regardaient ce spectacle insolite, en proie au plus profond étonnement, un miroir à barbe ayant appartenu au jeune Pike s'envola d'une commode pour aller se poser sur le sol.

Ayant eu connaissance de ces événements, Mervyn Stockwood, évêque de Southwark et spécialiste des phénomènes psychiques, mit Pike en rapport avec Edna Twigg, célèbre médium anglais, laquelle, au cours d'une transe, transmit des messages que Pike considéra sans la moindre hésitation comme provenant de son fils. Un an plus tard, en septembre 1967, l'évêque Pike et Arthur Ford participèrent à une émission télévisée présidée par Allan Spragett, éditorialiste religieux du *Toronto Star*.

Dans le studio de Toronto de la Canadian Broadcasting Corporation, Arthur entra en transe, tandis que les caméras de télévision enregistraient l'événement. Par son intermédiaire, Fletcher put apparemment entrer en communication avec le jeune Pike, lequel avoua avoir absorbé du LSD et déclara qu'un « mauvais voyage » l'avait poussé au suicide. D'autres indices matériels furent évoqués – inconnus de l'évêque aussi bien que de Ford –, et on peut en lire le détail dans l'ouvrage de ce dernier intitulé *Unknown but Known* (Connu mais inconnu), ainsi que dans le propre témoignage de Pike paru sous le titre *The Other Side* (L'autre côté). Un peu plus tard, l'évêque Pike perdit la vie alors qu'il effectuait un voyage en Terre sainte en compagnie de sa femme. Ils s'étaient égarés dans le désert avoisinant la mer Morte, et leurs cadavres ne furent retrouvés qu'au bout d'une semaine.

« L'évêque Pike et son fils sont ici, me répondit Arthur lorsque je lui posai la question, peu de temps après son passage de l'autre côté. L'évêque n'était pas encore disposé à nous rejoindre, car il aurait souhaité achever un travail important qui lui tenait à cœur, mais le choix ne lui appartenait pas. Il ne pouvait survivre bien longtemps dans le désert, privé d'eau et de nourriture. En arrivant ici, il a annoncé qu'il avait le désir de retourner à la vie terrestre, mais pas dans l'immédiat. Il a rejoint son fils, lequel s'adapte plus rapidement depuis l'apparition de son père. Au fond, ils étaient plus proches l'un de l'autre qu'ils ne l'imaginaient, et ils approfondissent maintenant ensemble la philosophie et la métaphysique, afin de préparer leur retour à la vie terrestre lorsque l'occasion se présentera. Il faudra, naturellement, qu'ils passent en revue leur vie antérieure avant d'effectuer un choix concernant leurs parents et leur environnement futur. Le jeune homme se réincarnera probablement avant son père. Certes, c'est lui-même qui a tranché le cours de sa vie, mais il l'a fait sous l'influence de la drogue, et on peut considérer qu'il s'agit plus d'un accident que d'un acte délibéré exigeant une longue pénitence. »

J'avais lu des ouvrages parlant de Zelda et F. Scott Fitzgerald. Profondément émue par la tragédie de leur existence, je demandai à Ford de quelle manière ils se comportaient.

« Ils sont tous deux ici, me répondit-il. Il leur arrive de se chamailler, mais ils sont si étroitement liés qu'aucune querelle ne les sépare pendant bien longtemps. Je dois dire que c'est elle qui possède l'esprit le plus brillant, mais lui est un remarquable perfectionniste. Ils sont de notre côté depuis des années, et ils s'intéressent essentiellement au problème de la lutte contre l'alcoolisme, s'efforçant aussi de faciliter le passage de ceux qui, comme eux, ont une bonne dose de talent mais peu de discipline.

» Dans une vie antérieure, ils avaient été de nationalité française, et ils étaient passionnés de peinture. Mais ils peignaient un peu comme ils écrivirent plus tard. Beaucoup de hardiesse et de couleur, mais peu de discipline dans le travail, de sorte qu'ils sont passés à côté de la renommée et de l'immortalité. En tout cas, ils étaient incapables de vivre l'un sans l'autre. À présent, il leur faudra apprendre la patience, la tolérance, la compassion, avant qu'ils ne puissent renaître à la vie terrestre dans une famille de leur choix. »

À propos de Dorothy Parker, dont l'esprit brillant avait ému et impressionné la nation, Arthur Ford précisa :

« Une âme bien féminine, mais qui a tristement gaspillé sa vie et son talent. Au cours d'une existence antérieure, elle était religieuse en Yougoslavie, et elle y avait été tellement brimée qu'elle s'est révoltée après sa réincarnation. Elle ne voulait plus entendre parler de religion, parce qu'elle en avait été saturée : elle désirait être libre, sans contrainte et sans attaches d'aucune sorte. Elle est, hélas ! allée trop loin dans cette voie. Sans doute retrouvera-t-elle un certain équilibre lors de son prochain séjour ; mais le fait d'avoir brisé toutes les entraves et bravé toutes les conventions l'a fait régresser au point d'oublier le principe essentiel, à savoir que chacun d'entre nous est une parcelle du Dieu éternel. Une triste histoire, à la vérité. Elle se repose maintenant et ne sortira de sa torpeur que lorsqu'elle sera à même de voir jusqu'où ses errements ont pu la conduire. »

10

MESURES PARTICULIÈRES

Arthur Ford est décidé à répandre l'idée que les personnes décédées ne flottent pas dans un espace quelconque et plus ou moins indéterminé. Elles sont ici, comme nous-mêmes, mais dans une dimension différente.

« Il n'existe qu'un seul et unique univers, m'écrivait-il un jour, et nous sommes n'importe où, excepté à l'endroit où vous vous trouvez vous-même à un moment déterminé, bien que nous ayons un *modus vivendi* différent. Nous ne dormons pas dans vos lits et nous ne nous asseyons pas dans vos fauteuils, mais nous poursuivons néanmoins nos activités quotidiennes au milieu de vous. Nous nous réunissons parfois pour converser, mais en prenant soin de ne pas intervenir dans votre existence, sauf dans des circonstances graves, par exemple pour sauver une vie en danger ou venir en aide à une personne qui a perdu son chemin. Dans la plupart des cas, nous suivons les mêmes routes que vous, avec cette nuance que, n'ayant pas d'entraves physiques, nous ne nous soucions pas des virages ou des angles de rues, et nous ne sommes pas contraints de contourner rochers et bâtiments. Pour nous, ils n'existent pas, puisque nous ne sommes que projections de la pensée et que bâtiments ou rochers ne sont pas autre chose, leur matérialité étant une création de votre esprit. Nous coexistons avec les êtres physiques, et ils coexistent avec nous, la différence étant qu'ils sont inconscients de notre présence, alors que nous, nous sommes parfaitement conscients de la leur. Bien que nous ne possédions ni le toucher, ni l'odorat, ni l'ouïe, nous saisissons toutes les pensées des êtres physiques, lesquels ne sont, comme je l'ai déjà précisé, que des projections de pensée. »

Ford affirme que ceux qui s'entraînent à se rappeler leur vie spirituelle lors de leur présence sur terre sont les mieux à même de recevoir l'inspiration venant de l'autre côté de la grande porte qui nous sépare.

« Prenons pour exemple un génie qui, de votre côté, perçoit les lois universelles et les met en application, comme Einstein, Oppenheimer ou n'importe quel autre grand physicien. Étant à même de se rappeler ces lois – au moins dans leur subconscient –, ils vous paraissent être des génies. En fait, ils n'étaient ici que des âmes très avancées, avec un penchant pour la physique, et, durant leur séjour sur terre, avec l'aide d'autres âmes demeurées ici parmi nous, ils ont accompli des semblants de miracles. Il en est de même des écrivains qui ont réussi et se sont élevés largement au-dessus de la moyenne (Shakespeare, Bacon, Browning, Hugo et bien d'autres). Ils ont amené avec eux dans le monde terrestre les souvenirs des lois apprises ici et, dans la mesure où l'harmonie est une loi éternelle, ils ont été capables de créer un rythme d'écriture. Ils ont enrichi la littérature, les arts, la musique, en accord avec la loi universelle du rythme et de l'harmonie. Les sonnets sont un exemple du rythme universel enfermé dans quatorze vers. La musique, qui vous élève au-dessus des sons vulgaires et cacophoniques, au-dessus de la cupidité et de la médiocrité de l'existence quotidienne, cette musique est une réminiscence des âmes avancées dont je parlais tout à l'heure. La cadence, le rythme, la symphonie des sons harmonieux ne sont que des reflets de ce qui a été entendu ici. Les sons que l'on perçoit paraissent doux et harmonieux, mais ceux que l'on n'entend pas le sont plus encore. Il en est ainsi de la musique, car nous sommes pleinement conscients des rythmes et des mélanges de notes qui transcendent tout ce que perçoivent vos oreilles dans votre monde physique.

» Ceux qui sont capables de s'adapter, par la méditation et le rêve, à la vie réelle qui a toujours existé sont ceux qui ont le plus de chances d'être considérés comme des génies dans la vie sur terre. Ils sont à même de boire à la source de la sagesse universelle et de mettre en évidence des lois qui n'ont pas encore été découvertes au plan physique. Pourquoi, dans ces conditions, les êtres qui vivent sur terre ne passent-ils pas chaque jour un certain temps dans la méditation et l'examen de leurs rêves nocturnes ? Parce qu'ils n'ont pas été suffisamment éveillés à cette source de formidable connaissance et de sagesse. »

Durant les onze années qui viennent de s'écouler, j'ai souvent écrit sur la méditation, j'ai abordé ce sujet au cours de nombreuses conférences, et j'ai encouragé à la méditation tous ceux avec qui j'ai eu la chance de pouvoir aborder les problèmes psychiques. Je l'ai aussi pratiquée moi-même, bien entendu, mais j'ai l'impression de manquer un peu de cette discipline qu'Arthur Ford prêche sans cesse. Dans mon livre *A Search for the Truth* (À la recherche de la vérité), j'ai écrit que prière et méditation sont les deux faces d'une même pièce : dans la prière nous parlons à Dieu, et dans la méditation nous L'écoutons. Arthur pense bien évidemment que je devrais parfaire mon instruction spirituelle. En effet, il m'a écrit un certain matin, sans que je l'y aie le moins du monde incité :

« Parlons maintenant de la valeur de la méditation, afin de vous préparer à la prochaine phase de l'existence. Cette préparation est d'une importance capitale, la méditation nous rapprochant de Dieu autant qu'il est possible. C'est de cette manière que nous Le rencontrons au fond de nous-même ; et, ainsi que nous l'apprenons ici, c'est cette intimité qui nous rend apte à juger nos erreurs passées, à nous faire accéder à un degré plus élevé de spiritualité, ou bien à retourner à la forme charnelle. C'est pourquoi, plus vous vous plongerez dans la méditation durant votre séjour sur terre, plus vite vous avancerez, lorsque vous serez ici, sur le chemin de la perfection.

» Pendant les séances de méditation, n'oubliez pas de respirer d'abord à fond, afin de chasser les exhalaisons pernicieuses qui émanent souvent de nos corps physiques. Essayez de vous fondre dans le tout universel, identifiez-vous à lui, devenez une parcelle vivante de la création ; en même temps, oubliez votre ego personnel et tout le reste, hormis l'unicité de l'univers. Après un certain temps, vous devriez commencer à vous sentir légère, aérienne, éthérée. Par instants, vous aurez l'impression de naviguer, aussi libre que l'esprit, vers un royaume inconnu. Vous devez vous livrer à ce genre d'expérience durant quinze à vingt minutes chaque jour. Laissez Dieu s'adresser à vous. Il vous parlera.

» La prière diffère de la méditation, car elle est active et n'a rien d'une attitude passive pour atteindre le cœur de Dieu. Préparez-vous à cet effort en chassant de votre pensée tous mobiles extérieurs, de manière à approcher le Créateur les mains propres. Concentrez votre pensée, demandez-Lui Sa bénédiction et Ses bienfaits avec la plus grande confiance, comme si vous étiez sûre de les obtenir. C'est cela, la foi. Cherchez à savoir ce qu'Il souhaite pour vous. Efforcez-vous de sentir Sa présence, et ne réclamez de Sa mansuétude que des bienfaits qui ne soient pas la marque de votre égoisme. Souvenez-vous aussi que la prière est sans objet et donc sans résultat si elle doit porter tort à une tierce personne ; il en serait de même si vous cherchiez à vous mettre en valeur et à vous élever au-dessus de vos rivaux ou de vos amis. Demandez toujours que soit faite la volonté de Dieu et non la vôtre, et priez avec la plus grande ferveur, comme si vous vous attendiez à voir votre prière exaucée sans délai. Lorsque vous aurez pleinement assimilé cette méthode, vous serez prête à envisager l'avenir; car ici, nous sentons Sa divine présence avec la même intensité que Son amour. Et, à l'exception de ceux qui refusent encore de L'adorer et même de Le prier, nous sommes avec Lui au fond de notre conscience. Certains atteindront ainsi un stade plus élevé et ne retourneront pas sur terre. Voici Lily qui va vous développer cette question. »

Ce fut effectivement Lily qui prit la suite :

« Si une âme s'efforce d'atteindre le cœur divin, elle se sentira élevée, libre et emplie de ravissement. Cette sensation est si extraordinaire qu'elle commence à se perdre dans le royaume du pur esprit, et on trouvera que les plaisirs terrestres n'ont, en comparaison, aucun attrait. Alors, cette âme avancera sur le chemin de la perfection plutôt que de retourner à la forme charnelle. C'est par le biais de la méditation et de la prière que s'ouvre cette voie divine. En ce qui me concerne, je pense que je ne connaîtrai pas une autre réincarnation, car j'ai éprouvé ce ravissement de l'union avec les forces les plus sublimes, et je ne souhaiterais pas perdre cette extase en reprenant ma forme terrestre. Dans les états les plus élevés de notre conscience, nous sommes de purs esprits; nous adorons Dieu, et même si nous ne Le voyons pas, nous sommes en parfaite harmonie avec Sa lumière.

« Ce stade dont je parle n'est pas le dernier, mais seulement une étape le long du sentier.

Nous marchons dans la clarté de Sa présence et, pendant un certain temps, nous connaissons le pur rayonnement de l'universelle vérité, sans être toutefois parvenus au stade de la perfection. Nous retournons donc à d'autres occupations et à d'autres devoirs que nous avons acceptés dans le dessein de progresser spirituellement, plutôt que de revenir à la vie terrestre. C'est la raison pour laquelle j'étais encore ici lorsque vous avez placé vos doigts sur le clavier de votre machine à écrire, après une si longue absence et avant que Ford n'arrive ici. Je me trouvais encore de ce côté-ci, parce que c'est une tâche que j'avais assumée de mon plein gré. Et lorsque votre intérêt faiblira, comme cela vous arrive souvent, j'irai vers d'autres travaux, bien que vous ayez toujours besoin de moi. »

Lily avait pris l'habitude incompréhensible de me couvrir de confusion et, cette fois encore, il n'avait pas fait exception à la règle.

Ford, quant à lui, ne tarissait pas d'éloge sur ceux qui, de notre côté, se préparaient consciencieusement à la poursuite de leur existence dans le monde spirituel. Un jour, il m'écrivit :

« Ce matin, nous allons aborder le cas d'un homme récemment décédé chez vous et qui se trouve soudain plongé au sein d'une totale prise de conscience. Par des lectures attentives et réfléchies, par la fréquentation de groupes d'études, par la méditation aussi, il s'était efforcé de faire la volonté de Dieu et d'aider les autres à suivre le même chemin. Il accueille maintenant parents et amis, puis retourne à de calmes et apaisantes méditations, tandis que les vibrations de l'univers l'emplissent d'une paisible extase. Il recherche aussi ceux qui ont besoin d'aide, les âmes qui ont récemment franchi le rideau et qui sont égarées ou endormies. Il ne perd pas une seconde à se lamenter sur son corps terrestre abandonné, car il sait qu'il reverra ceux qui lui sont chers lorsqu'ils arriveront ici. Il a laissé ses affaires en ordre avant de nous rejoindre, de sorte que sa progression vers les hautes sphères sera constante et sans doute ininterrompue. Chose surprenante, nous avons ici de nombreuses âmes semblables à celles-là. Toutes ne savaient peut-être pas aussi bien à quoi elles devaient s'attendre, mais elles étaient prêtes à accepter toutes les décisions de Dieu.

» L'homme dont je parle va progresser si rapidement vers la perfection qu'il lui sera donné l'occasion de se réincarner pour accéder ensuite à une sphère plus élevée encore. Certes, il paraît improbable qu'il se réincarne dans l'immédiat, étant donné qu'il n'a laissé inachevée aucune tâche d'importance et qu'il a toujours eu une conduite irréprochable, aimant les autres à l'égal de lui-même. Néanmoins, il se préparera en vue de cet événement, guidé par les maîtres du temple de la sagesse. Une fois acquis cet enseignement, ceux qui sont très avancés peuvent, s'ils le désirent et dans certains cas particuliers, se rendre visibles à nous. Lily, par exemple, m'apparaît comme une éblouissante lumière blanche plutôt que comme un corps astral en forme et en substance. C'est lui qui m'a affirmé que j'avais fait plusieurs séjours ici et que je m'étais volontairement réincarné dans le dessein de mettre en pratique ce que j'avais appris. Tel avait été le cas avant ce dernier séjour sous l'identité d'Arthur Ford, et cela explique sans doute pourquoi je me suis un jour réveillé au camp avec, devant les yeux, ces listes de noms. Car, à un stade plus élevé, j'avais probablement été entraîné à agir comme une véritable station réceptrice, captant les renseignements en provenance de l'univers entier. Je me rappelle très vaguement le stade suivant, et j'ai grande envie d'y retourner lorsque nous aurons achevé la tâche qui nous occupe en ce moment, vous et moi. »

Arthur me cita ensuite le cas d'un non-croyant persuadé que sa mort physique constituait une irrémédiable fin.

« Après quelques jours, il se réveille et commence à montrer des signes de vie. Il ouvre progressivement les yeux, pour ainsi dire, et il contemple avec surprise l'activité qui règne autour de lui. Étourdi, se rappelant qu'il est mort, il a l'impression de vivre un cauchemar. Il se débat, comme pour chasser une hallucination, mais il voit soudain apparaître autour de lui des gens qui l'interpellent par son nom et qu'il se rappelle avoir rencontrés dans sa vie terrestre. Il s'étonne et finit par demander une explication de tout ce mystère. Les amis d'antan lui sourient. "Charlie, dit l'un d'eux, nous avons souvent tenté, autrefois, de te dire que notre vie continue, que nous sommes éternels ; mais tu n'as jamais voulu croire à nos paroles." Il essaie encore de discuter, car il n'aime pas avoir tort, même dans son nouvel état. Il a toujours voulu avoir raison, et il traitait de fous ceux qui essayaient de lui faire croire à une survie. Il ferme les yeux, comme s'il voulait masquer une étrange vision, et, quand il les rouvre, la scène a quelque peu changé. Au lieu des arbres, des fleurs, des personnages amicaux de tout à l'heure, il aperçoit à ses pieds un gouffre noir et sans fond, terrible et menaçant. Épouvanté, il fait quelques pas en arrière.

» Le gouffre s'élargit, et il se sent attiré vers le bord. Il bascule sans pouvoir se retenir. Il crie au secours, mais ses amis ne sont plus là pour le rassurer ou l'aider. Est-il sur le chemin de l'enfer dont lui parlaient autrefois les prêtres ? Où sont donc ses amis qui se moquaient de lui et le plaignaient pour son incroyance lorsqu'il était sur terre ? Pourquoi ne viennent-ils pas à son secours maintenant ? Mais il les a sans doute chassés par son incrédulité. Pourtant, que ne donnerait-il pas pour les sentir près de lui ! Il souhaiterait leur poser des questions, les interroger sur la réalité de cette vie éternelle, et c'est à eux qu'il songe en glissant dans cet abîme. Son vœu n'est pas plus tôt formulé qu'ils se trouvent de nouveau près de lui, sur la plaine verdoyante. Il ne peut s'empêcher de remercier ce Dieu en qui il ne croyait pas, car le gouffre a disparu comme par enchantement, et il n'est plus seul. Les amis lui affirment qu'un souhait sincère est aussi valable qu'un acte. Il a désiré être réconforté par eux, et il a ainsi créé la réalité de leur présence. Il attend maintenant avec impatience de recevoir des directives ; et comme il était foncièrement bon, en dépit de son incrédulité et de son esprit buté, il est aussitôt enrôlé dans les écoles de la sagesse. Bientôt, il rejoint le bataillon de ceux qui aident les non-croyants à s'éveiller à la spiritualité. »

En une autre occasion, Ford revint sur le problème des non-croyants :

« Lorsqu'une âme comme celle-là se trouve de ce côté-ci de la porte, elle refuse en général d'accepter le fait. Et lorsque d'autres tentent de la tirer de sa torpeur, elle les considère avec hostilité, les croyant issues de sa propre imagination. À la suite de sa mort physique, elle n'avait espéré ni châtiment ni récompense, car le ciel et l'enfer n'existaient pas pour elle. Cette âme peut ainsi demeurer fort longtemps dans un état de torpeur, attendant que s'éloigne ce qu'elle croit être une hallucination. Elle est vaguement consciente d'une certaine activité qui se déroule à proximité, mais même cette activité n'est pour elle que le fruit de son imagination. Il arrive qu'une âme perde ainsi des siècles, parce qu'elle n'a pas encore accepté le fait d'être vivante ; mais le plus souvent, elle est capable de secouer l'emprise d'un esprit physique borné, et elle s'éveille alors à la réalité. D'ailleurs, des sceptiques honnêtes font parfois ici des progrès extraordinaires lorsqu'ils se sont débarrassés de leurs œillères. Et ils sont alors tellement avides de rattraper le temps perdu qu'ils se plongent de toutes leurs forces dans l'étude de la spiritualité et de l'immortalité. D'autres, hélas ! fermés à toute discussion, peuvent demeurer dans un état de torpeur ou de demi-sommeil pendant un millier d'années ou plus.

» D'autres encore – et ils sont nombreux –, qui ne se sont jamais intéressés à l'immortalité lorsqu'ils étaient sur terre, rejettent catégoriquement l'idée d'une école pour les esprits, et leurs âmes continuent à errer dans diverses parties du monde. Certains peuvent se réincarner ; mais, à moins qu'ils ne fassent un effort pour se pénétrer de spiritualité, ils quitteront encore une fois la vie physique pour s'en aller errer de nouveau, sans avoir rien appris du royaume des esprits et de la réalité de la vie éternelle. »

Pour ceux qui n'aimeraient pas l'idée d'un travail assidu au-delà de la tombe, Ford signale une alternative. Nous pouvons flâner et errer si nous le voulons, mais à nos propres risques. Je lui avais demandé quel sort était réservé aux meurtriers, aux criminels de toute sorte, aux voleurs et autres délinquants.

« Vous désirez savoir ce qu'il advient d'un meurtrier qui a tué pour son profit ou pour sa seule satisfaction ? Ce n'est certes pas une histoire particulièrement réjouissante. Plein de vengeance et de haine, l'homme s'attend à ne rien trouver lorsqu'il franchit la porte que vous appelez la "mort" ; et pendant longtemps, il ne trouve effectivement que le vide. Il demeure dans un état semblable à la mort et, lorsqu'il s'éveille, c'est pour constater que l'enfer qu'il avait toutes les raisons de redouter s'étale effectivement devant lui. Ce ne sont pas des gobelins et des démons qu'il aperçoit, mais des images de son propre visage déformé par la haine, la méchanceté et le lucre. Il frémit à cette vue, se rendant bien compte que c'est lui-même qu'il contemple ainsi, et qu'il est possédé du démon. Il est atterré en comprenant qu'il a gâché sa vie. Pourtant, il se rappelle les résolutions qu'il avait prises avant d'entamer cette dernière existence. Il s'était promis de surmonter la haine et le lucre, décidé à lutter contre toutes les tentations. Au lieu de cela, il a agi d'une manière totalement différente. Bien évidemment, le temple de la sagesse lui restera encore fermé durant des années, voire des siècles.

» Il demeurera en proie au tourment jusqu'à ce qu'il se croie totalement perdu. Lorsqu'il aura atteint le fond du désespoir, il pourra alors implorer l'aide de Dieu, et son appel sera entendu. D'autres âmes lui seront envoyées pour soulager sa souffrance, et si son âme est réellement tournée vers le développement spirituel, il s'élèvera lentement, très lentement, jusqu'au moment où il connaîtra les châtiments qu'il mérite pour avoir pris une autre vie, créée par Dieu. Lorsqu'il aura acquis une force suffisante, il abordera la personne dont il a tranché la vie; et la réaction sera telle que toutes les cloches du paradis pourraient se mettre à sonner. Car il y a de fortes chances pour que l'autre âme ait surmonté sa tristesse et déjà pardonné. Ce pardon élève le meurtrier, qui devient progressivement apte à prendre place au sein de la société des autres âmes pour y apprendre les règles du salut éternel. N'oubliez pas qu'une âme – de votre côté comme du nôtre – a toujours droit à la miséricorde divine, puisque c'est Dieu qui l'a créée à Son image. "Demandez et vous recevrez, cherchez et vous trouverez, frappez et on vous ouvrira." Telle est la loi intangible de l'univers. Demandez, recevez, frappez, ouvrez la porte de votre esprit et laissez pénétrer le flot des rayons de l'amour universel. »

Je voulus ensuite savoir si John Kennedy avait revu son meurtrier, Lee Harvey Oswald, dans le monde des esprits. Et Ford de me répondre :

« Oswald ne s'éveillera pas avant des siècles et des siècles. Et lorsqu'il reprendra enfin conscience, il souffrira d'incommensurables tourments, car son crime a été un acte bestial, sans logique et sans but ; et ce poids sera dur à porter durant de nombreux siècles. John lui garde une rancune tenace, parce que la mort l'a empêché de poursuivre une tâche qu'il jugeait importante et qu'il avait si bien commencée. »

Je demandai ensuite ce que ressentait Bob Kennedy à propos de Sirhan Sirhan.

« Il est d'avis que Sirhan est pire qu'Oswald, parce qu'il est encore en vie, les mains tachées de sang, alors qu'Oswald se trouve dans l'inconscience pour des siècles. »

Lorsque j'évoquai le problème des suicides, Ford me fit observer que la cause en était plus facile à découvrir au plan terrestre que de l'autre côté du rideau.

« Si une personne se donne la mort au cours d'une crise d'abattement ou de désespoir, il nous sera malaisé d'en trouver ici l'explication, car nous n'avons aucun droit d'éteindre ce que Dieu a allumé ; le cas d'un corps physique ayant cherché à se débarrasser de ses dettes karmiques ne doit pas être traité à la légère. D'autres attendent là-bas leur tour d'avancer dans le monde de la spiritualité, et si nous mettons fin à une vie octroyée par le Créateur, il nous faudra payer ici, mais également dans une réincarnation plus ou moins lointaine, et les dettes auront alors décuplé. »

Ford aborda ensuite le sujet d'une personne qui, ayant été abandonnée par ses parents alors qu'elle n'était qu'un bébé, les rencontre enfin dans le monde spirituel.

« Quelle va être sa réaction ? Comme vous devez bien vous en douter, ils vont se réunir. Rires et larmes au sens spirituel de ces termes. Pourquoi ? Parce que, de notre côté, nous ne tenons pas à garder rancune à autrui : cela nous est interdit si nous voulons progresser normalement sur le chemin de la perfection. Remords ? Sensation de culpabilité ? Il vaut mieux laisser de côté cette sorte de sentiments pour la prochaine réincarnation ; il n'est pas bon de s'y laisser aller ici.

» Examinons un autre aspect de la question. Si une personne a été torturée par une autre – dans un camp de prisonniers ou sur un champ de bataille par exemple – et que la victime retrouve ici son bourreau, que va-t-il se passer ? S'ils sont, pour ainsi dire, sur des longueurs d'ondes différentes, sans intérêt commun pour les rapprocher, il y a assez peu de chances pour qu'ils se rencontrent ici. Mais s'ils ont des intérêts en commun ? me direz-vous. La victime adresse-t-elle des reproches à son bourreau ? Le bourreau implore-t-il le pardon de son crime ? Pas du tout. Ce serait là une réaction possible seulement sur le plan physique. Ici, ils acceptent simplement le fait que le bourreau devra payer sa dette un jour. Quant à la victime, elle considère que, du fait de cette souffrance endurée, elle a payé les dettes qu'elle avait pu contracter auparavant. Voyez-vous, ici, nous ne perdons pas de temps à nous adresser des reproches ou à imaginer des plans de vengeance. Il arrive, bien sûr, que le fait se produise. Mais c'est là un acte puéril et absolument sans portée, car celui qui s'adonnerait à ce jeu retarderait indéfiniment son évolution spirituelle. »

J'appréciai particulièrement les observations de Ford sur un habitant des quartiers déshérités :

« Examinons le cas d'un sujet qui souhaiterait vivre une existence parfaite, mais qui est envahi, dans un environnement de ghetto, par de si nombreuses tentations qu'il est incapable de résister à toutes. Il est pauvre, il a souvent faim et froid, il n'a pas d'amis, pas d'affection, et il lui arrive de commettre de petits larcins pour manger. Lorsque son heure est venue d'abandonner son corps derrière lui, il se repent de ses péchés ; mais il est, hélas ! incapable de réparer les préjudices causés aux autres. Il nous arrive donc ici bourrelé de remords, considérant qu'il a gâché sa vie. Mais, au fond, est-ce bien le cas ? Il a toujours pensé aux autres, même lorsqu'il les volait pour se maintenir en vie. Il n'était ni méchant ni vicieux, mais se sentait incapable de résister à la tentation quand il avait trop faim. Ici, il lui faudra tout d'abord apprendre à se pardonner et, ensuite, à faire l'impossible pour venir en aide à ceux qui sont restés sur terre. Il s'efforcera de leur apprendre à trouver chaleur et nourriture sans se livrer au vol; il mettra dans leur cœur l'envie d'aimer autrui; il tentera d'empêcher tous ces pauvres gens de céder à la tentation. Ainsi élèvera-t-il son âme et sans doute n'aura-t-il pas besoin de se réincarner pour expier ses fautes, car son cœur est pur. Jésus a dit : "Il y aura plus de joie dans le ciel pour un seul pécheur repenti que pour quatre-vingt-dix-neuf justes qui n'ont pas besoin de repentir."»

Arthur me répéta ensuite qu'il n'y a, dans ce nouvel état d'existence, de jugement que par nous-même, par notre propre conscience. Et il ajouta :

«Cette voix de la conscience intérieure est une parcelle de Dieu, de même que nous sommes tous des parcelles du Créateur. Mais le jugement qui est rendu émane de notre être profond, lorsque sont écartées les œillères que nous portions dans notre vie physique. Le voile est alors levé, et nous sommes en mesure de voir nettement où et comment nous avons péché, avant de nous engager dans le chemin conduisant au salut. Nous éprouvons une grande joie lorsque nous nous rendons compte que certains de nos actes les plus insignifiants, depuis longtemps oubliés, nous aident dans notre progression vers la vérité : une main tendue, une action accomplie sans recherche d'un profit personnel, une lettre compatissante qui a consolé un être affligé, le simple sourire que nous avons adressé à un inconnu en proie au chagrin. Toutes ces petites actions, oubliées parce que sans importance apparente, nous aident à avancer, bien plus que ne saurait le faire une action spectaculaire dont nous aurions pourtant attendu qu'elle nous fût profitable pour notre entrée au paradis. Nous constatons aussi que certains de nos actes, sur lesquels nous comptions fermement, ont en fait retardé notre progression. Par exemple, nous prodiguons des conseils en pensant être d'un grand secours à autrui; nous ne ménageons pas les louanges et les flatteries; nous étalons notre satisfaction et notre fierté d'avoir aidé quelqu'un. Hélas! lorsque nous sommes passés de l'autre côté de la porte, ces actes qui nous ont parfois valu gloire, honneurs et récompenses ne sont pas pris en considération. Ne gardez toutefois pas rancune à ceux qui y ont été insensibles lorsque vous les accomplissiez. Aidez autrui chaque fois que vous le pouvez, et puis oubliez. Traversez la vie comme un instrument du Créateur en ne demandant rien pour vous, à l'exception de ce qui est indispensable à votre survie. Creusez-vous, pour ainsi dire, un puits qui ne tarira jamais, parce qu'il en sortira un amour bouillonnant que vous pourrez donner librement et sans publicité tapageuse. »

11

SURMONTEZ VOS MAUVAIS PENCHANTS

S'il existe un sujet auquel je n'aime pas penser, c'est bien celui qui concerne les mauvaises habitudes, parce que j'ai conscience d'en avoir beaucoup moi-même. Les lecteurs de mon ouvrage *A Search for the Truth* (À la recherche de la vérité) se souviendront que Lily est parvenu à me convaincre d'abandonner l'usage de la cigarette ; mais deux ans plus tard, ayant été incapable de me débarrasser des cinq kilos supplémentaires que m'avait valus cette privation, je retournai à ma néfaste habitude. J'aime aussi boire un cocktail ou deux avant le dîner, et je me rends compte que j'ai une langue passablement caustique dont il arrive que je ne puisse réprimer les abus.

Mon ami Arthur Ford était un homme d'une grande noblesse d'âme, mais il avait, lui aussi, sa part de mauvaises habitudes. Bien que ce ne fût pas entièrement sa faute, il s'était pendant un certain temps adonné à la drogue et, dans l'espoir de se débarrasser de ce vice, avait sombré dans l'alcoolisme, ce qui eut, dans les dernières années de sa vie, des conséquences parfois assez désastreuses. Il s'offrait de temps à autre le plaisir d'une cigarette, mais n'était pas un fumeur invétéré. C'est pourquoi j'ai toujours attendu plus de compréhension de son esprit que de celui de son sévère guide, Lily.

La première discussion sur le tabac date du 1er mars, lorsque Lily écrivait :

« Ruth, nos échanges seraient bien plus faciles si vous n'étiez pas constamment enveloppée de fumée ; cela freine les progrès et forme une espèce d'écran semblable à un brouillard qu'il nous est malaisé de traverser. Je vous suggère donc de cesser de fumer et de poursuivre ainsi la suite de votre ouvrage. »

Après quelques remarques qui me parurent plus pertinentes, il ajouta :

« Voici Art. Il répugnait à vous faire lui-même des reproches. »

Dix jours plus tard, après avoir débattu de certaines lois de l'univers, Ford écrivait :

« Nous allons voir à présent pourquoi tant d'âmes désirent revenir dans le monde terrestre sans avoir passé ici un temps suffisant pour juger les erreurs de leur précédent séjour. Quelle est la raison de cette volonté de retour ? Nous sommes constamment en proie aux défaillances de la nature humaine : l'attrait des plaisirs, la luxure, le goût immodéré pour l'alcool, et j'en passe. Certaines de ces âmes étaient tellement obsédées par leur corps qu'elles attendent avec impatience l'occasion de se réincarner. Elles sont si attachées aux joies physiques et matérielles qu'elles seront dans l'impossibilité d'avancer sur le plan spirituel tant qu'elles n'auront pas freiné ces appétits.

» De ce côté du rideau, les alcooliques planent autour de ceux qui, sur terre, boivent plus que de raison. Il en est de même des fumeurs invétérés, des drogués, des obsédés sexuels. Pour échapper au cycle perpétuel de la renaissance, il est donc indispensable de rompre de semblables liens qui nous rattachent trop fortement à la chair. Efforcez-vous d'éliminer vos mauvais penchants pendant que vous êtes sur terre. C'est plus facile que d'arriver ici esclave de ces funestes habitudes. Ceux qui ne boivent ni ne fument, qui ne sont prisonniers ni de la drogue ni du sexe en seront ainsi débarrassés dès leur arrivée ici.

» Il ne faut pas non plus perdre de vue que les avares, qui accumulent les richesses au lieu de les partager, auront ici un problème identique à résoudre. Quant aux fanatiques de tous ordres – politiques et religieux – qui manquent de tolérance et raillent les croyances d'autrui, ils auront tendance à vouloir tout régenter, ils chercheront à influencer les idées et les opinions des autres, à moins qu'ils ne se soient défaits de ces défauts lorsqu'ils étaient encore sur terre. Dans le cas contraire, il est évident que leur progression sur le chemin de la spiritualité sera grandement retardée. »

Une semaine plus tard, Arthur reprenait :

« Aujourd'hui, nous allons considérer le cas d'un sujet qui a tout ce qu'il faut pour vivre, mais se met à un certain moment à absorber des drogues, perdant tout intérêt pour ceux qui l'entourent et finissant par se suicider. Cette vie, qui lui avait été donnée par Dieu, il n'avait aucun droit d'y mettre un terme ; mais son esprit était embrumé, et il ne s'était même pas rendu compte qu'il éteignait cette flamme. Lorsqu'il se réveille ici, son premier souci est de se mettre à la recherche de sa drogue préférée, mais personne ne semble pouvoir lui indiquer où il pourra s'en procurer. D'aucuns le considèrent d'un air plein de compassion, d'autres le regardent avec indifférence, et il ne comprend même pas qu'il n'est plus en possession de son corps charnel. Il se jette sur le sol et griffe le gazon de ses ongles, lesquels sont, dans sa forme de pensée, aussi réels que ceux qu'il possédait auparavant. Il gémit, crie, supplie. Il lui faut absolument sa drogue, sinon il va perdre la raison; du moins en est-il persuadé. Il se répand ensuite en imprécations envers Dieu, à qui il reproche son manque de pitié. Dans son état de pur esprit, il est aussi totalement drogué qu'il l'était dans son corps physique. Il est le type même de l'individu qui ne se soucie ni de lui ni des autres, ne soulageant sa souffrance qu'au moyen de sa drogue favorite.

» À la fin, il sombre dans une sorte de torpeur, qui peut durer des mois, des années ou des siècles, car la destruction de l'esprit et l'affaiblissement de ses forces physiques sur la terre l'ont rendu pour longtemps inapte à toute progression sur le plan spirituel. Dans certains cas, un tel personnage peut dormir des centaines d'années, totalement inconscient de son environnement, et, lorsqu'il revient enfin à lui, il ne reste sur terre personne qu'il puisse reconnaître. Les âmes nouvellement arrivées ne lui prêtent aucune attention, ignorantes de son identité. Il est alors véritablement une âme égarée, car il ne connaît personne. Ceux qu'il a autrefois connus ou aimés ont depuis long-temps gravi les degrés qui conduisent à la perfection spirituelle, à moins qu'ils ne se soient réincarnés dans des corps différents sous de nouvelles identités. Il semble que nul ne puisse lui venir en aide, et sa léthargie peut ainsi se prolonger pendant des années, voire des siè-cles. Son apathie éloigne d'ailleurs tous ceux qui éprouveraient la moindre velléité de l'aider.

» Cet état se prolongera jusqu'au moment où il suppliera Dieu de venir à son secours. Dieu entend parfaitement sa supplique, tout comme il aurait entendu et exaucé ses prières des cen-taines d'années auparavant, si cette pauvre âme les lui avait adressées. Mais tout effort doit venir de chacun d'entre nous, Dieu atten-dant que nous éprouvions le besoin de nous jeter à ses pieds. Aussitôt, un grand nombre d'âmes se rassemblent autour de lui, il se sent soulevé et transporté dans un sanatorium où d'autres sont déjà en traitement. Certains, tout comme lui, ont dormi durant des siècles et ont besoin de retrouver une étincelle de spiritua-lité. Le traitement auquel il est soumis lui re-donne des forces et du bon sens ; il comprend enfin pourquoi il était dans l'impossibilité de parvenir jusqu'à Dieu lorsqu'il s'adonnait à la drogue. Il souhaite ne jamais succomber de nouveau à la tentation et, avant de se réincar-ner, il veut travailler de concert avec les âmes égarées et désorientées. »

Le 5 avril, je demandai à Ford s'il avait ap-pris quelles dettes karmiques étaient à l'origine de son accident d'automobile, lequel accident l'avait conduit à la morphine d'abord, à l'alcool ensuite. Il me répondit sans ambages :

«Je ne l'ai que trop bien appris. Au cours d'une existence antérieure, j'ai été un ivrogne qui ne s'intéressait à rien qu'à lui-même et à sa bouteille. Je suis mort dans le ruisseau, en Pennsylvanie, durant la période coloniale. Je n'étais pas dépourvu de cœur, mais l'alcool a précipité ma chute, annihilé ma volonté, plus fort que mon amour pour ma famille. Lorsque je suis de nouveau revenu dans le monde terrestre en tant qu'Arthur Ford, j'avais pris la ferme résolution d'expier mes fautes passées en me plongeant dans une ambiance spirituelle. Ainsi que vous l'ont appris mon livre *Nothing so Strange* (Rien d'aussi étrange) et nos divers entretiens, tel a été le cadre de ma jeunesse ; et j'aurais pu passer ma vie entière comme pasteur quelque part dans les collines de la Virginie ou du Kentucky, si mes yeux, à travers des rêves étranges, ne s'étaient ouverts à une vie précédente, à la manière d'un prophète de l'ancienne Égypte. Pendant un certain temps, ces deux aspects de mon existence ont cohabité, jusqu'au moment où, à la suite d'un épuisement physique et mental, j'ai sombré dans la drogue et l'alcool. L'occasion de dominer mon karma s'est présentée sous la forme de l'accident d'automobile, lequel, pour autant que je le sache, n'avait pas été programmé, étant donné que deux femmes y ont trouvé la mort.

» Quoi qu'il en soit, la tentation se présenta alors à moi ; et, en raison de ma précédente existence où je n'avais été qu'un misérable ivrogne bon à rien, mon esprit s'est tourné inconsciemment vers l'alcool. Seulement, au cours de cette vie en Pennsylvanie, j'avais acquis une telle résistance à la boisson qu'il me fallait absorber des doses considérables pour m'enivrer. Certes, un peu d'alcool de temps à autre ne m'aurait pas fait grand mal, mais mes antécédents étaient lourds et annihilaient mes bonnes résolutions. Il est même étonnant que cet état de choses ne m'ait pas entièrement détruit. Dieu merci, des amis fidèles et compréhensifs m'ont aidé avec le plus grand dévouement à me remettre dans le droit chemin toutes les fois que je glissais. À présent, je pense que mon problème a trouvé sa solution. D'ailleurs, n'eût été cet imbécile de jeune médecin, je n'aurais peut-être jamais bu de nouveau une goutte d'alcool. »

Quelques jours après cette confession, Arthur Ford écrivait de nouveau :

« Nous aimerions que vous introduisiez dans votre ouvrage certains détails qui ont fait que votre livre *A Search for the Truth* a été tellement précieux pour des personnes plongées dans l'affliction. Nous allons donc parler de ces sujets aux nobles sentiments qu'affectionne Lily. Le voici, d'ailleurs. »

Et Lily de poursuivre l'entretien :

« Voyez-vous, Ruth, à moins qu'une âme n'ait suffisamment lutté pour se rapprocher de la perfection durant son séjour terrestre, elle perd ici du terrain, car nos lois sont telles qu'il n'est pas possible de rechuter : on ne peut que stagner ou progresser. Le stade physique est donc destiné à faire avancer l'âme vers l'idéal, en surmontant la tentation et en aidant les autres à marcher dans la même direction. Si cela est bien compris, on mettra mieux l'accent sur l'importance qu'il y a à combattre les mauvaises habitudes, à faire taire les langues acérées, à maîtriser la hargne et la colère, à faire passer le bien-être d'autrui avant le sien propre. Dans notre domaine spirituel, nous aidons automatiquement tous ceux qui en ont besoin, car nous sommes régis par les lois divines, et il nous est impossible d'effectuer un choix personnel, comme vous en avez le pouvoir durant votre bref séjour sur terre. C'est là votre principale épreuve. En tirez-vous le meilleur parti ? Vous débarrassez-vous des habitudes susceptibles de retarder votre progrès spirituel ? La boisson, les drogues sous toutes leurs formes sont des servitudes dont il faut absolument se défaire, car elles freineraient votre développement en direction du prochain stade. Pensez automatiquement au bien-être d'autrui, faites preuve d'amour et ne vous laissez jamais aller à la colère, faites toujours passer votre mari – ou votre femme – avant vous-même, aimez ceux qui vous paraissent difficiles à aimer parce qu'ils sont sur une longueur d'ondes différente de la vôtre. Cela est extrêmement important au plan physique. En ce qui nous concerne, nous évitons systématiquement ceux qui gravitent sur des longueurs d'ondes ou des vibrations différentes, puisque seule une ressemblance peut nous pousser les uns vers les autres. D'où l'importance de progresser de votre côté, où il existe encore... la concurrence, si vous voulez bien me pardonner ce terme. »

Ford n'avait nullement épuisé le sujet. Mais, sur ces entrefaites, je dus me rendre à Indianapolis pour rendre visite à ma famille. Dès le lendemain de mon retour, il m'écrivait :

« J'espère que vous avez fait bon voyage. Nous allons maintenant reparler de ceux qui, arrivés ici, sont incapables d'oublier qu'ils ont été des humains de chair et d'os, soumis aux désirs et aux caprices de leurs corps. Ils refusent de s'adapter à notre monde parce qu'ils se sentent incapables de rompre avec des habitudes acquises durant leur vie physique et bien ancrées en eux-mêmes. Leurs âmes continuent à rôder autour de ceux qui fument, qui boivent ou se droguent, essayant de jouir de nouveau de ces sensations qu'ils ont connues autrefois, impatientes de se mêler aux groupes qui boivent, qui fument, qui inhalent de la drogue. Ce sont des âmes pathétiques, tellement prisonnières de leurs habitudes qu'elles sont incapables de s'en délivrer. Et ces plaisirs sont pour elles si intenses qu'elles mettront un temps infini à se développer sur le plan spirituel.

» C'est pour cette raison – et aussi pour d'autres – qu'il vaut mieux se défaire de ces mauvais penchants lorsqu'on est encore présent dans le monde physique. Il est beaucoup plus facile de les abandonner là-bas que d'attendre d'avoir atteint le monde des esprits, car ces habitudes néfastes sont alors tellement ancrées en nous qu'on les emportera sans aucun doute lors de la prochaine réincarnation. »

Je n'eus pas le courage de lui poser une question directe concernant son ancien penchant pour l'alcool; mais ce fut lui qui, un jour, aborda le sujet :

« Je connais la question qui vous tracasse. Vous aimeriez savoir si je continue à m'intéresser au tabac, à l'alcool ou à une quelconque drogue. Ma réponse est la suivante : si je n'y avais jamais goûté au cours de ma dernière existence, je me sentirais mieux ici, où j'éprouverais des sensations plus aiguës et profiterais d'un développement plus rapide de l'âme. Oui, il m'arrive parfois de rôder autour d'un buveur invétéré, et j'en éprouve de la honte, mais c'est ainsi. Que cela soit un avertissement de plus aux autres : tentez de vous délivrer de vos habitudes pernicieuses alors que vous êtes encore sur terre.

» Et je ne puis m'empêcher de songer à vous, Ruth. Si vous ne perdez pas votre habitude de fumer exagérément, il vous sera ici fort difficile de vous en défaire. Et cela constituera un handicap sérieux pour la suite de votre vie spirituelle. Comme vous le savez, je ne m'étais jamais tout à fait débarrassé du vice de l'alcool, et il m'arrivait de rechuter. Si j'avais totalement abandonné la bouteille lorsque j'étais là-bas, je progresserais ici bien plus vite sur le chemin de la spiritualité. Montrez-vous donc très attentive et très prudente. Je sais qu'il n'est pas dans votre tempérament d'accepter des conseils que vous n'avez pas sollicités. Mais vous m'avez posé une question précise, et je vous ai répondu en toute franchise. »

12

ENTRE LES EXISTENCES TERRESTRES

Arthur Ford n'a suivi aucun plan précis pour me transmettre les messages qui constituent la base même du présent ouvrage. Certains jours étaient consacrés à la réincarnation, d'autres à la vie dans les sphères les plus élevées de l'être, d'autres encore à la psychologie du comportement dans le monde spirituel. Mais nous sommes, sur terre, accoutumés à une progression plus logique des choses; aussi a-t-il été parfois nécessaire de classer les différents messages en catégories distinctes, au risque de les voir parfois se superposer légèrement.

Souvent, en plein milieu d'un entretien, Arthur laisse échapper un trait d'humour, et j'ai presque l'impression d'entendre fuser son petit rire familier teinté d'ironie. Une fois, alors que je l'interrogeais sur des personnages célèbres des siècles passés, je lui demandai à brûle-pourpoint : « Que fait-il en ce moment même ? » Je voulais en quelque sorte le mystifier, car il m'avait appris, au cours d'un précédent entretien, que j'avais été précisément cette personne-là. Il me répondit pourtant sans la moindre hésitation :

«Vous devriez le savoir mieux que quiconque. Assis devant une machine à écrire et en train de me poser des questions.»

Une autre fois, je lui demandai par quel moyen je pourrais me déshabituer de la cigarette. Et il me répondit : «En ne fumant pas.» Parfois, il me traçait d'amusants portraits d'âmes que nous considérons comme mortes. Le 3 mars, il écrivait :

«Nous naissons, nous grandissons, nous vivons, nous aimons, pour retourner ensuite dans des cycles sans fin jusqu'au moment où, nous étant dépouillés des imperfections glanées tout au long de la route, nous sommes aptes à devenir une parcelle de Dieu Lui-même. Pourquoi existe-t-il tant de pécheurs? Parce que beaucoup d'entre nous faisons passer le plaisir avant le devoir. C'est aussi simple que cela. Si nous aidions les autres dans la joie, nous avancerions bien plus vite, parce que ce serait là combiner le travail et le plaisir. Mais la plupart d'entre nous préfèrent se livrer à des passe-temps qui ne profitent à personne. Ainsi va la nature humaine lorsqu'elle est sous sa forme charnelle. Les désirs sexuels, les flirts sans but, les flagorneries, tout cela fait partie de cette nature humaine. Mais une autre partie de l'existence se poursuit ici, sous une forme spirituelle. Des femmes se parent devant des miroirs issus de leur pensée, endossent des vêtements somptueux dont elles avaient toujours rêvé, laquent leurs cheveux qui n'existent qu'en imagination, habitent des maisons créées par leur appétit de luxe et conduisent des automobiles de grand standing qu'elles n'avaient jamais pu s'offrir. Mais ce ne sont là, je le répète, que des formes de pensée, n'existant que pour ceux qui y croient. N'oubliez jamais ceci, Ruth : le mal fait par chacun d'entre nous affecte toutes les autres âmes. Le Christ a dit : "Aimez-vous les uns les autres", et aussi "Aime ton prochain comme toi-même". »

La semaine suivante, Arthur revint sur la question :

« Parlons, si vous le voulez bien, de la façon de nous préparer aux divers stades de l'avancement spirituel. Ainsi que nous l'avons déjà précisé, le chemin est dur et abrupt, parce que nous devons aussi aider ceux qui le gravissent en même temps que nous. Si vous tentiez de dépasser les autres, vous n'atteindriez jamais le sommet : les retardataires vous tireraient en arrière. Ils ont besoin d'aide et, si vous leur tendez à chaque halte une main secourable, vous gagnerez du terrain au lieu d'en perdre. C'est là un autre exemple qui montre que le temps n'existe pas, qu'il n'est rien qu'un moyen commode de fixer des rendez-vous terrestres. Le temps est relatif et, de ce côté-ci de la barrière, il n'a pas de signification réelle.

» Lorsque nous sommes parvenus à assimiler cette philosophie nouvelle et pourtant vieille comme le monde, nous connaissons enfin le bonheur. Ici, point de jalousie, point d'envie, point de malveillance. Comment, d'ailleurs, en serait-il autrement, puisque nous sommes un seul et même être dans l'unicité de Dieu ? Un doigt pourrait-il être jaloux d'un autre, un cheveu de notre tête jaloux de tous les autres ? C'est impossible, puisque chacun est une partie d'un tout, comme notre nez, nos yeux et nos oreilles. Chacun remplit le rôle qui lui a été assigné, et nul ne tente de supplanter les autres. Pourquoi, dans ces conditions, ne pas songer à tout cela durant notre vie terrestre ? Efforcez-vous de vous entourer de pensées harmonieuses, non en vous repliant sur vous-même, mais au contraire en répandant l'harmonie autour de vous. Si vous déversez de la chaleur et de l'amour, les âmes qui vous entourent se rapprocheront instinctivement de vous. Tendez votre main à tous ceux qui vous tendent la leur. »

Précisant une fois de plus que tel est l'unique moyen de progresser spirituellement, Ford poursuivit :

« Pourquoi se donner la peine d'apprendre de pieuses paroles ou de vouloir se faire un nom dans les arts ou dans les sciences, alors que les progrès auxquels nous aspirons seront fonction de la manière dont nous aurons aidé autrui ? Ici, nous n'attachons guère d'importance à un homme célèbre qui franchit notre porte. Car, au fond, pourquoi est-il célèbre ? Parce qu'il a inventé quelque chose dont l'idée lui était venue d'ici ? Après tout, il ne s'agissait que d'un don du Créateur. Bien sûr, si son œuvre a pu aider les autres et éclairer leur route, cela plaidera en sa faveur. Toute la question est là. Est-ce que je m'arrête pour aider les autres à porter leur fardeau, ou bien ne suis-je intéressé que par ma seule personne ? »

Arthur ne se lassait jamais, non plus, de parler des écoles qui se trouvaient de son côté et de l'enseignement qu'on y donnait :

« Ceux qui sont avides de progresser sur le plan spirituel, me dit-il un jour, trouvent ici des maîtres qui se sont portés volontaires pour les instruire. Ils prennent le nouveau venu sous leur protection et lui enseignent les lois universelles qui mènent à la perfection. S'il n'existait pas de règlements précis, ce serait le chaos, étant donné qu'il y a ici beaucoup plus d'âmes qu'il n'y a de personnes sur votre terre. Certaines attendent, bien sûr, l'heure de la réincarnation, tandis que d'autres s'efforcent de s'élever vers des sphères supérieures. En ce qui me concerne, je ne prendrai pas de décision avant que vous n'ayez achevé l'ouvrage auquel vous travaillez.

» Parlons à présent des cours que l'on peut suivre dans ces écoles. Nul besoin d'arithmétique ou de géométrie, sciences qui ne sont valables que dans le monde physique. L'orthographe est également sans intérêt. Nous pensons en symboles universels et n'avons besoin des mots d'aucune langue. La lecture est réservée à ceux qui désirent consulter nos archives, lesquelles sont tout naturellement rédigées en symboles universels. Il en est de même de l'écriture. Nous n'écrivons rien, car les archives sont imprimées de manière indélébile par les actes et les pensées et non pas écrites avec de l'encre et une plume. Qu'étudions-nous donc ? Les rudiments de la science pour certains d'entre nous, particulièrement ceux qui souhaitent faire part de leurs idées à des savants incarnés sur terre ; la philosophie pour ceux qui sont avides d'en savoir plus sur les lois de l'univers ; la bonté, qui est le fait de s'aimer les uns les autres ; l'écologie, car il deviendra de plus en plus indispensable et urgent d'aider ceux qui, sur terre, veulent sauver ce qu'il reste encore de l'environnement ; l'amour, enfin, qui doit être expliqué, car trop d'entre nous l'ont méconnu ou négligé au cours de leur vie terrestre. Pourquoi, me demanderez-vous, est-il utile d'étudier l'amour ? Parce que, sans amour, il n'y a pas d'harmonie et, faute d'harmonie, le plan universel de toute chose sombrerait dans le néant.

» Nous savons que l'amour vrai n'a que peu de chose en commun avec l'attirance physique et sexuelle. C'est l'élan d'une âme vers une autre. Des âmes qui se sont évitées sur terre – ou même parfois dressées l'une contre l'autre – peuvent en quelque sorte devenir ici des partenaires privilégiées, lorsque chacune se sera purifiée en gommant les côtés agressifs de sa conduite passée. Plus il y aura d'âmes en harmonie, plus le cercle qui englobe le monde où vous et nous vivons s'agrandira, et moins il y aura de guerres et de cataclysmes, les échanges devenant plus nombreux, plus cordiaux aussi, entre toutes les nations. Lorsque le désordre et le trouble s'installent partout, vous pouvez être assurée que cela se répercute des deux côtés du rideau qui nous sépare.

» Ainsi que je l'ai déjà précisé, les archives célestes sont imprimées par nos actes et nos pensées. La seule manière d'effacer nos mauvaises actions, c'est donc de nous montrer bienveillants envers ceux qui sont dans le besoin ou dans l'angoisse. Pour chacune de nos bonnes actions, nous recevons un point qui s'imprime automatiquement dans les registres. C'est nous, en fin de compte, qui tenons ces registres, puisque nous sommes nos propres juges et que nous ne pouvons échapper au verdict de notre conscience. Car notre conscience a toujours été avec nous, depuis des temps immémoriaux. Il nous est impossible de tricher avec elle et de tenter de nous leurrer. »

Arthur me précisa ensuite que, dans le temple de la sagesse et dans les écoles de spiritualité, les leçons sont assimilées comme par osmose.

« Les maîtres sont à la disposition de ceux d'entre nous qui veulent se plonger plus profondément dans les lois qui régissent les phénomènes terrestres. Nous les utilisons ici pour projeter nos pensées vers ceux qui souhaitent avancer dans la connaissance des vérités cosmiques. Ceux qui parlent du danger de cette recherche ésotérique devraient bien comprendre que certaines âmes ont la faculté, acquise au cours des siècles passés, de communiquer avec ceux qui se trouvent de l'autre côté du mince voile séparant les deux stades de la vie continue, et que, l'équilibre étant établi, il ne peut exister le moindre danger. Toutefois, le manque d'équilibre d'une personne risque de soulever des problèmes lorsqu'elle tentera d'établir la communication ; ou encore lorsqu'on se laissera aller à la croyance aux anges et aux séraphins. Car seul le déséquilibre est susceptible de constituer un danger sournois. Pourquoi serait-il moins dangereux de méditer sur des anges jouant de la harpe que sur des âmes qui sont passées de l'état physique à l'état spirituel ? Ainsi que votre père vous l'a dit une fois, Ruth, ceux qui ont perdu la raison en tentant de fouiller dans ce domaine l'auraient aussi bien perdue au cours de n'importe quelle autre activité. Il existe nombre de personnes plus ou moins déséquilibrées dont la personnalité n'est pas suffisamment solide et se désagrège sans que l'occultisme y ait la moindre part de responsabilité. »

Revenant à la question des écoles spiritualistes, il reprit :

« Il existe des âmes qui, ayant vécu sur terre une vie bien remplie, ne sont nullement pressées d'y retourner. Elles poursuivent ici des études qui profiteront à d'autres âmes, dans un monde ou dans l'autre. Elles s'instruisent sur la manière dont un enfant sera le mieux à même de résister aux tentations, d'éviter les maladies et les accidents. Elles travaillent, par l'intermédiaire de savants, de psychologues et de médecins se trouvant encore sur terre, à faire connaître les progrès de la spiritualité. Elles sont capables de leur insuffler ces notions soit dans leur état de veille, soit au cours de leurs rêves. Et il peut en résulter une soudaine inspiration qui débouchera sur une invention inattendue.

» La plupart des découvertes scientifiques faites sur terre émanent d'âmes qui ont travaillé ici, où nous avons à notre portée non seulement les problèmes, mais également leurs solutions. Cependant, me rétorquerez-vous, il y a des gens qui inventent des armes mortelles et des engins de destruction. Bien sûr, cela émane d'ici, comme tout le reste. Seulement, ce sont les corps physiques et non les âmes spirituelles qui ont fait un mauvais usage des bonnes idées. Toute invention comporte en elle-même un potentiel de bien et de mal, selon l'usage qui en est fait. Et il est grand dommage que de merveilleuses découvertes scientifiques soient si souvent accaparées par des cerveaux malfaisants et détournées de leur but initial. Regardez les émeutiers et les contestataires de tous ordres. Quel bien ne pourraient-ils faire s'ils s'efforçaient de proposer des solutions aux divers problèmes, au lieu de confondre le bien et le mal dans un système désastreux qu'ils réclament avec tant d'insistance !

13

EXEMPLES DE RÉINCARNATION

Le Vendredi saint, Arthur reprenait gravement la parole :

« À cette date approximative, il y a près de deux mille ans, un homme du nom de Jésus, originaire de Nazareth, mourait sur la Croix, symbole vivant de la vie éternelle. D'aucuns prétendent qu'il aurait dû redescendre de cette croix et effectuer ainsi un autre miracle. Mais c'est le Christ qui, en lui, a survécu à la mort et est revenu maintes et maintes fois sous une forme astrale pour prouver que la vie est éternelle, que l'homme de chair n'est pas l'homme véritable, le corps n'étant que l'habitacle fragile et momentané de l'âme éternelle. Le Christ a ainsi démontré la vérité et le bien-fondé de sa prédication ; il est devenu immortel en tant que Jésus sauveur de l'humanité.

» Considérons maintenant le cas de saint Paul, qui a eu la vision du Christ sur le chemin de Damas. Il n'avait jamais connu l'homme nommé Jésus et, pourtant, il a instantanément reconnu dans cette apparition le Christ qui avait habité le corps humain de Jésus. Ses paroles ne peuvent laisser la moindre place au doute. Jésus a été le plus grand d'une longue lignée d'incarnations de la même âme créée au commencement des temps et qui, parfois, se manifeste sous une forme humaine. Elle a été Bouddha, le Messie, et celui que nous souhaitons avoir toujours au fond de nous-mêmes : le grand frère, le pacificateur, l'incarnation de Dieu. Le fils de Dieu, bien sûr. Mais ne sommes-nous pas tous les fils et les filles de Dieu ? La différence réside dans le fait que Jésus était chargé par Dieu de rappeler à l'humanité les vérités premières : aimez-vous les uns les autres, pardonnez à ceux qui vous ont fait du mal, ne jugez pas si vous ne voulez pas être jugés, faites aux autres ce que vous voudriez qu'on vous fît. L'esprit du Christ a séjourné durant quelques années dans le corps de Jésus de Nazareth, mais n'oubliez pas ceci : l'esprit intime qui habite le corps de chacun d'entre nous est également une partie de Dieu capable de résister au mal. C'est pourquoi nous devons nous efforcer de regagner la pureté et la vérité originelles. Aime ton prochain comme toi-même. »

Arthur aborda un thème similaire dans son « sermon » du matin de Pâques.

« Aujourd'hui marque l'anniversaire de cette radieuse matinée où le corps désincarné du Christ sortit du tombeau pour démontrer la réalité de la vie éternelle. Libéré de son corps de chair, il apparut à une multitude de ses disciples à travers toute la terre de Palestine ; il montra même ses blessures au sceptique Thomas. Mais ce n'est pas là son message le plus important. Le point essentiel, c'est que nous survivons tous à la mort avec une personnalité et une mémoire intactes. Cela, Jésus l'a démontré en mourant sur la Croix, et la partie éternelle de son être – le Christ – a continué à vivre pour prouver que le corps physique ne fait pas partie de l'âme éternelle. Aujourd'hui, on parle des diverses incarnations de ce Christ dont nous nous souvenons sous le nom de Jésus. Il voulait démontrer qu'il est possible d'habiter un corps physique, de résister à la tentation et de vivre une existence de perfection. Nous oublions parfois que Jésus a été un homme comme nous le sommes tous. Mais, au fond de son être, il était le Christ, et c'est cela qui le rendait supérieur aux autres. Il était soumis aux mêmes tentations charnelles, mais il résistait à toutes. Rappelons-nous donc que chacun d'entre nous est capable de vivre aussi vertueusement qu'il le veut, parce qu'il a été démontré que l'homme, même sous sa forme charnelle, peut accéder à la perfection.

» Considérons le cas d'un homme qui s'efforce de tendre vers cette perfection au cours d'une seule existence charnelle, mais qui a tant de dettes antérieures à payer que l'entreprise lui semble impossible. L'est-elle vraiment ? Oui et non, car si le karma préalable est suffisamment mauvais, il devra réparer tout au fond de lui-même. Néanmoins en pardonnant aux autres, puis en se pardonnant, il tombera sous l'effet de la grâce qui efface tous les péchés, à condition que l'on éprouve un repentir sincère. C'est le Saint-Esprit dont Jésus a annoncé la venue. Faites usage de cet esprit de grâce, et souvenez-vous que, pour s'y incorporer, il est non seulement nécessaire de pardonner aux autres, mais aussi de se pardonner à soi-même. Le grand mot à retenir, c'est "Amour". Aime les autres comme toi-même. »

Au moment de la préparation de mon livre *Here and Hereafter* (Ici et dans l'au-delà), il m'a semblé revivre un certain nombre d'expériences antérieures, dont deux, je crois, valent la peine d'être rapportées ici, parce que des événements ultérieurs ont confirmé ce que j'ai *vu* pendant mes hypnoses. Au cours de l'une d'elles, je me trouvais assise en position du lotus, dans un ashram situé au pied de l'Himalaya. Mes bras étaient petits et noirs. On me questionnait, et je décrivais le régime auquel nous étions soumis dans l'ashram : des baies, des fruits et des noix. Je déclarai que j'étais le gourou des jeunes garçons qui venaient du village d'en bas, mais que je poursuivais également des études sous la direction d'un gourou plus avancé qui vivait dans la montagne.

L'hypnotiseur – la femme que j'ai appelée Jane Winthrop dans mon ouvrage – me fit ensuite faire un bond de vingt-cinq années dans le temps et me demanda si je me trouvais dans le même ashram. Pleine de perplexité, je regardai autour de moi, et je compris soudain. Le gourou qui était au-dessus de moi avait disparu, et j'avais repris ses fonctions. Jane me demanda si j'avais un mantra, et je m'écriai : « Certainement, car chacun d'entre nous a un mantra. » Invitée à donner le mien, j'éprouvai un rythme de transe qui m'était jusqu'alors inconnu, et je me mis à répéter sans cesse deux syllabes.

Je n'ai parlé à personne de cette expérience, et ce, pour des raisons évidentes. L'événement me paraissait trop hors du commun pour être évoqué ultérieurement. Deux mois plus tard, un inconnu arriva chez moi, à Virginia Beach, se présentant sous le nom de Dr I.C. Sharma, originaire d'Udaipur, en Inde, et me déclarant qu'il était professeur dans une petite université de Virginie. Il avait lu mes ouvrages sur le psychisme et souhaitait en débattre avec moi.

Un peu plus tard, comme il se préparait à prendre congé, je lui exprimai le désir de savoir quel était mon mantra personnel, puisque chaque âme est censée posséder une oscillation individuelle vers Dieu. Il me promit de méditer sur la mienne.

Deux semaines ne s'étaient pas écoulées que je le vis reparaître. Cette fois, son épouse l'accompagnait et, lorsqu'ils furent sur le point de repartir, je laissai échapper, d'un air vaguement désenchanté : « J'imagine que vous n'avez pas encore eu le loisir de méditer sur mon mantra ? » – « Bien sûr que si, me répondit-il en tirant une feuille de papier de sa poche. Il est écrit ici. » Je pris la feuille qu'il me tendait. J'y distinguai deux syllabes emmêlées, et je constatai à mon grand étonnement qu'elles étaient exactement celles que j'avais prononcées au cours de l'hypnose déjà mentionnée. Inutile de dire que, depuis lors, j'utilise ce mantra au cours de ma méditation quotidienne. Je relate cette histoire ici, parce que, durant un entretien sur la réincarnation, l'esprit d'Arthur Ford m'écrivait :

« Vous avez été autrefois gourou dans l'Himalaya, et je vous ai connue à cette époque, car c'était moi qui vous guidais, jusqu'au moment où, passé dans le royaume des esprits, vous m'avez remplacé dans mes fonctions. Vous aviez été un disciple de grand mérite, et je vous appréciais beaucoup, bien que vous fussiez un jeune garçon et moi déjà presque un vieillard. »

En relatant ma seconde expérience de «vie antérieure», j'éprouve une certaine gêne; mais peut-être mon récit encouragera-t-il d'autres personnes à se plonger dans l'inconscient de leurs souvenirs. Cela commença il y a cinq ans, au cours d'une de mes méditations. J'étais une petite fille de cinq ou six ans, et je voyais arriver les Mages, près de notre chaumière de Bethléem. Je savais qu'un bébé venait de naître non loin de là et, un peu plus tard, je demandai à mon père la permission de suivre la foule qui allait voir baigner l'enfant dans un étang situé entre Bethléem et Jérusalem. Il commença par refuser, mais je le suppliai avec tant d'ardeur qu'il finit par accepter; et nous nous mîmes en route, ma main dans la sienne. Je savais qu'il avait l'âme d'Arthur Ford.

Au cours de ma seconde journée de méditation, je me voyais adulte. J'avais entendu dire que l'enfant était devenu un homme et qu'il prêchait sur les rives de la mer Morte. J'avais grande envie d'aller l'écouter; mais mon mari m'ayant refusé son consentement, je me mis en route à travers le désert, laissant mes jeunes enfants à la maison. Plus tard, placée sous hypnose par Jane Winthrop, je pus revivre une partie de cet événement. Je me mêlai à la foule qui entourait Jésus. Un peu plus tard, assise près de lui dans une maison de Béthanie, je compris que j'étais la sœur de Lazare ; mais je n'étais ni Marie-Madeleine ni Marthe, puisque toutes deux étaient présentes.

Cela me semblait trop ridicule pour en faire état. Pourtant, après la publication de mon livre *Here and Hereafter*, je reçus d'un lecteur inconnu une lettre dans laquelle il affirmait avoir eu une perception psychique prouvant que j'avais été autrefois la sœur de Lazare. Quelques semaines s'écoulèrent. Puis, un jour, saisie d'une impulsion soudaine, j'achetai un exemplaire du livre *The Aquarian Gospel of Jesus the Christ* (L'Évangile aquarien de Jésus-Christ), document qui avait été psychiquement reçu au début du siècle par un homme qui se donnait le nom de Levi. L'ouvrage étant rédigé en style biblique, je ne pouvais en lire que de brefs extraits chaque jour. Quel ne fut pas mon étonnement lorsque je tombai sur un passage où on parlait de Lazare et de ses trois sœurs, Marthe, Marie-Madeleine et Ruth. Un peu plus loin, se référant à cette troisième sœur – dont il n'est pas fait mention dans la Bible –, Levi déclarait qu'elle avait abandonné son mari et ses enfants pour suivre Jésus. Mais celui-ci la persuada de retourner auprès des siens. Elle obéit, puis finit par convaincre son époux, et ils devinrent tous deux de fidèles disciples du Christ.

Le 7 mars 1971, Arthur écrivait :

« Vous souhaitez avoir des détails sur mes vies antérieures dans les rapports qu'elles peuvent avoir avec la vôtre. Eh bien, je puis me rappeler certains faits, du moins ceux qui affectent le plus directement mon existence en tant qu'Arthur Ford. J'ai été moine bouddhiste en Thaïlande, puis dominicain en France, il n'y a pas très longtemps. J'ai aussi été le père d'une petite fille nommée Ruth en Terre sainte, ainsi que de Lazare, Marthe et Marie. Ce fut pour moi une vie dure mais exaltante, même si je ne sus pas employer à fond toutes mes possibilités en devenant un disciple de Jésus. Mais j'étais plus âgé que lui, et je ne me trouvais plus de ce monde au moment de sa mort sur la Croix. Vous n'étiez qu'une toute petite fille quand il est né, et mes autres enfants étaient jeunes, eux aussi. Nous avons déménagé de Bethléem à Béthanie, et je suis décédé peu après, laissant à Lazare la responsabilité de la famille.

» Lazare n'a pas été enterré vivant. Il est décédé de mort naturelle, puis ressuscité, quoi que puissent prétendre les mécréants et les railleurs. J'ai été avec lui de ce côté-ci, et je l'ai vu ensuite retourner à la forme charnelle, afin de prouver que certaines choses sont parfaitement possibles si Dieu désire qu'elles s'accomplissent. Je me réjouis que personne ne m'ait rappelé, cette fois, car je suis plus heureux sous la forme spirituelle que sous la forme charnelle, du moins tel que j'étais lors de mon dernier séjour sur la terre. En ce qui vous concerne, vous n'avez pas été aussi obéissante que Marthe et Marie. Vous avez quitté votre mari, parce qu'il refusait de tout abandonner pour suivre Jésus. Vous n'en avez fait qu'à votre tête – tout comme vous le faites à présent –, et vous n'avez rejoint votre mari et vos enfants

210

que lorsque Jésus lui-même vous a déclaré que la famille était sacrée et devait passer avant toute chose. C'est là une leçon pour vous, Ruth, qui semblez toujours faire passer le « je » avant le « nous » et le « vous ». Efforcez-vous de maîtriser cette tendance, sinon vous prendrez sans cesse de grandes résolutions, mais vous retournerez inévitablement au cycle physique pour retomber dans les mêmes erreurs et les mêmes fautes. »

Arthur me gratifia ensuite d'un sermon plutôt sévère, ajoutant :

« Laissez donc les rênes à votre mari pendant un certain temps et apprenez à devenir une femme obéissante, à l'instar des Japonaises. Ce sera pour vous une leçon d'humilité. »

Je me sentis rougir, car il avait mis le doigt sur un de mes plus graves défauts. Il est vrai que je ne déteste pas commander.

Au mois d'avril je lui demandai s'il pouvait encore me parler de notre ancienne existence en Palestine.

« Vous étiez – vous le savez déjà – la sœur de Lazare et moi votre père. Aucun de nous deux n'avait la grandeur d'âme de Lazare, de Marthe et de Marie ; de sorte qu'on n'a pas jugé utile de parler de nous dans la Bible, ce que j'ai toujours un peu regretté. Bien sûr, je n'ai pas été disciple de Jésus, puisque j'étais déjà passé dans l'autre monde lorsqu'il a commencé ses prédications.

» En ce qui vous concerne, vous étiez une fille affectueuse. Vous avez ensuite voulu suivre l'homme nommé Jésus, qui était le Christ, ce qui était louable en soi, mais vous auriez été mieux inspirée de rester auprès de votre famille pour veiller au bien-être de votre mari et de vos deux enfants. Mais Jésus vous a renvoyée chez vous, ce qui vous a d'ailleurs permis de convertir votre mari à vos idées; si bien qu'à la fin de la vie terrestre de Jésus, vous étiez deux de ses plus fervents disciples. »

Arthur m'a aussi parlé de la vie de nombreuses autres personnes, mais il ne me paraît pas indispensable de rapporter ces entretiens, le présent ouvrage étant – j'ose l'espérer – d'un intérêt plus général. Un jour, je lui demandai de quelle manière nous choisissons notre localisation géographique et notre race lorsque nous avons décidé de nous réincarner.

« Cela pose effectivement un des problèmes les plus ardus, car il s'agit de savoir en quel endroit nous avons le plus de chances de pouvoir payer rapidement nos dettes karmiques. Supposons que nous ayons été, dans une vie antérieure, une personne bornée et intolérante vis-à-vis de certaines communautés – les juifs ou les Noirs, par exemple. Vaudra-t-il mieux que nous nous réincarnions au sein même de cette race ou de cette communauté ? C'est souvent le cas, et les Noirs qui sont à la tête des mouvements en faveur des droits civiques étaient pour la plupart dans une vie précédente des propriétaires d'esclaves.

» Certains des juifs morts sous le régime hitlérien avaient été, dans une expérience lointaine, des persécuteurs de juifs dans de terribles chasses aux sorcières. C'est pourquoi ils étaient volontairement revenus sur terre pour tenter de réparer leurs torts passés. Ils ont subi la peine suprême en perdant leur vie mais, ce faisant, ils ont réveillé la conscience de l'humanité et fait faire un grand bond en avant à la spiritualité. N'oublions pas que l'Ancien Testament dépeint parfois les juifs comme une race guerrière, persécutant les autres au nom de leur religion, ce qui d'ailleurs n'excuse en rien la monstrueuse attitude d'Hitler envers ceux du XXe siècle. Lui et ses lieutenants paieront leurs dettes durant des centaines ou des milliers d'années si telle est la volonté de Dieu.

» En ce qui nous concerne, nous sommes nos propres juges – et souvent les plus durs –, car les péchés que nous considérons comme les plus graves au cours de notre vie terrestre ne sont pas toujours les plus importants lorsqu'on les considère ici. Nous nous posons la question de savoir à qui nous avons pu faire du tort. L'abnégation est une des plus grandes vertus, parce qu'elle nous enseigne à faire passer l'amour des autres avant l'amour de nous-même. La discipline est aussi une excellente chose pour l'âme, et nous en avons sans cesse besoin. »

Commentant les difficultés que nous éprouvons à nous souvenir de nos vies antérieures, Ford écrivait un autre jour :

« La plupart d'entre nous apportent dans la vie terrestre des souvenirs de la vie spirituelle, parfois même des éclairs de vies antérieures. Ces pensées influencent d'ailleurs nos actes, ces retours en arrière se produisant souvent au cours de rêves, lorsque nos activités physiques sont en suspens. Ces songes étant en liaison avec le passé, si nous leur prêtons attention, ils nous aideront parfois à avancer. En vérité, ce ne sont pas des hallucinations sans suite, mais un courant de conscience qui demeure en nous pour l'éternité. Nous nous efforçons tous de perfectionner notre âme en contemplant celles qui sont transformées par la bonté. Néanmoins, il ne faudrait pas croire que l'imitation des autres nous conduise forcément au résultat escompté. À l'intérieur de chaque âme, se trouve la connaissance du bien et du mal, et chacun d'entre nous est soumis à diverses tentations. Certes, nous sommes tous des parcelles de l'Être suprême, mais néanmoins différents, tout comme le sont les doigts d'une main. Nous savons où se trouve le bien. Alors, pourquoi ne pas le faire ? »

Encore fascinée par les précédentes explications d'Arthur à propos des « ordinateurs célestes » qui choisissent les candidats à la réincarnation, je lui demandai des détails complémentaires.

« Commençons par bien préciser, me répondit-il, qu'il peut parfois s'écouler des milliers d'années entre deux réincarnations. En revanche, il arrive que ce soit l'affaire de quelques jours seulement ou même de quelques heures. Certaines âmes cherchent à se racheter sans plus attendre ; d'autres, au contraire, lasses des souffrances éprouvées sur terre, préfèrent prolonger leur séjour parmi nous pour connaître le repos. Mais, dans un cas comme dans l'autre, une âme ne peut jamais prendre toute seule une décision aussi grave et grosse de conséquences, car bien des éléments entrent en jeu. Par exemple, de nombreuses femmes souhaitent se réincarner pour devenir mères, de sorte qu'il faut un système de réglementation, si je puis dire, ou – si vous préférez – de sélection. Ce système entre en action chaque fois qu'une femme conçoit.

» S'il s'agit d'une âme élevée, elle a en quelque sorte un droit de priorité sur une autre qui ne songe à se réincarner qu'en vue des plaisirs charnels. Pour ces âmes d'élite, il est mis en place un système de classement permettant de leur proposer une période d'essai, de manière à déterminer celle qui sera le mieux à même de s'adapter aux parents physiques et, en même temps, de parvenir au but qu'elle s'est fixé. Tout ce système fonctionne au moyen de ce que vous appelleriez chez vous un ordinateur. Mais ici, il s'agit d'un processus absolument automatique et sans faille, qui fournit les données concernant d'une part les parents et, de l'autre, des renseignements précis sur l'âme qui souhaite se réincarner. Il est rare que la question se pose de savoir celle qui remplira le mieux son rôle dans un cycle terrestre déterminé, car il n'existe pas deux âmes absolument semblables. Celles qui ne sont pas encore assez évoluées, ou qui ont d'anciennes dettes à régler, devront s'installer dans des situations moins agréables ; certaines même retourneront dans des taudis, des ghettos ou au sein de nations arriérées, afin d'y apprendre l'humilité et de supporter de nouvelles souffrances, tout en prenant la ferme résolution de surmonter ces obstacles et d'accéder à un stade plus élevé dans la spiritualité. Permettez-moi de souligner que nul n'est forcé de retourner à la forme terrestre. Si nous le souhaitons, nous pouvons demeurer ici pour l'éternité. En revanche, les âmes qui se réincarnent dans un délai trop rapproché, saisissant la première occasion qui se présente, ont souvent un cycle terrestre plus éprouvant que les autres, car elles n'ont pas eu le temps de faire des progrès suffisants au cours de leur séjour ici. Tel est le cas d'anciens mendiants plus ou moins handicapés, de malfaiteurs aussi, qui n'ont pas eu la patience d'attendre une situation mieux adaptée à leurs besoins et à leurs désirs. »

À un certain moment de l'entretien, Arthur me cita le cas d'une mère décédée fort jeune et qui avait pourtant laissé derrière elle une grande famille. Je lui demandai ce que cela avait à voir avec le karma.

« Dans une vie antérieure, me répondit-il, cette même mère avait abandonné ses enfants pour s'enfuir avec un autre homme. Dans son existence la plus récente, elle devait subir un châtiment pour avoir abandonné ses enfants, alors que son cœur était plein d'amour pour eux. Mais que sont-ils devenus, ces enfants ? Peut-être s'étaient-ils, dans une vie antérieure, révoltés contre l'autorité parentale. Et dans leur existence la plus récente, tout en aimant profondément leur mère, ils ont dû se passer d'elle lorsqu'elle a franchi le rideau vers la spiritualité. La loi du karma est inexorable, à moins que, par un repentir sincère, nous ne parvenions à la surmonter en partie, avec l'aide de Dieu.

» Il est bien évident que cela n'est pas vrai dans tous les cas. Il arrive qu'une mère soit tout simplement épuisée par trop de grossesses et ne se sente pas assez forte pour résoudre ses problèmes. Parfois un accident lui coûte la vie alors qu'elle est encore très jeune. Pourtant, dans ce cas, il y a habituellement un fondement karmique ; par exemple si la jeune femme en question avait, dans une autre vie, manqué de sympathie envers une autre mère dans le besoin. On pourrait même supposer qu'elle avait pris la vie d'une autre mère. Un bien triste sujet, certes, mais qu'il est tout de même nécessaire d'évoquer. »

Un autre jour, Arthur écrivait :

« Parlons, si vous le voulez bien, des rapports entre mère et enfants. Pourquoi certaines mamans sont-elles si proches de leurs enfants, adorées par eux, alors que, dans d'autres familles, il existe de perpétuelles frictions ? C'est que l'âme de la première de ces femmes, poussée par des liens d'amour, a choisi de se réincarner, tandis que la seconde a simplement accepté, pour payer une partie de ses dettes antérieures, de revenir dans le corps d'une ancienne rivale ou ennemie, voire dans celui d'une étrangère avec qui elle n'avait rien en commun.

» Posons-nous maintenant la question de savoir comment cela vous prépare à votre arrivée ici, lorsque vous serez vieille au plan terrestre. Car notre existence réelle est ici. C'est d'ici que nous nous sommes lancés dans l'aventure, risquant tout pour avoir une occasion d'avancer sur le plan spirituel. Les brillantes promesses, les résolutions de ne point se laisser ébranler par la force des tentations terrestres sont de belles et bonnes choses. Hélas! les âmes nous reviennent bien souvent chargées d'une dramatique défaite, se rendant compte qu'elles n'ont pas atteint le but qu'elles s'étaient fixé. Elles essaient d'abord de mettre leur échec sur le compte des circonstances ou bien d'une tierce personne mais, à mesure que le temps passe, elles comprennent que tout est arrivé par leur faute.

» Que faut-il donc faire? S'obliger à passer honnêtement en revue chacune des erreurs que nous avons pu commettre sur terre. Mais nous devons commencer à prendre conscience de nos fautes alors que nous goûtons encore la vie physique, car il est encore temps de changer de direction et de prendre le chemin qui nous conduira vers les plus hautes cimes. De ce côté-ci, tout ce que peut faire une âme, c'est précisément d'apprécier ses fautes passées, de se juger impartialement et de se préparer à la prochaine réincarnation. »

Lily intervint à ce point de l'entretien :

« Comment surmonter les tentations de la chair? En écoutant la petite voix qui parle à l'intérieur de nous-même. »

14

LES HAUTES SPHÈRES
ET LES AUTRES PLANÈTES

De temps à autre, en parlant d'Edgar Cayce, de Yogananda, de Betty White et d'autres âmes hautement évoluées, Arthur Ford faisait de brèves allusions à de « hautes sphères » et à « d'autres planètes ». Le 10 avril, je me permis de lui demander des détails complémentaires.

« Ces hautes sphères, me répondit-il, sont essentiellement les degrés les plus élevés de la conscience. En fait, il s'agit du même endroit mais, à notre niveau, tout est tellement subtil que l'on ne peut avancer sans une très grande préparation, alors que certaines âmes des hautes sphères n'éprouvent pas de difficultés à vivre simultanément à notre niveau. C'est un peu la même différence qu'entre votre état et le nôtre. Les âmes qui se trouvent à ce niveau élevé sont mieux au courant de notre existence que nous ne le sommes de la leur. Mais celles qui croient que leur progrès sera plus rapide en reprenant une identité terrestre passent rarement à ce niveau supérieur, car cela contrarierait la réincarnation à laquelle elles aspirent. »

Me souvenant qu'Arthur avait une fois men-tionné son passage dans ces sphères supé-rieures, avant de se réincarner sous l'identité de Ford, je lui demandai si lui et Lily étaient véritablement familiarisés avec ce niveau de la spiritualité.

« Oui, m'affirma-t-il, et Lily y passe même la plus grande partie de son temps. Mais il ne pourra pas vous en apprendre beaucoup, car il y a peu de chose que vous seriez à même de comprendre avec votre esprit terrestre forcé-ment limité. Ainsi que je l'ai dit précédem-ment, il s'agit plutôt d'un état de conscience supérieur que d'un endroit différent, puisque l'univers est un. Il est infiniment probable que Lily ne se réincarnera jamais, bien qu'il en ait le droit et la possibilité.

» Lors de son plus récent passage sur terre, il était écrivain. Or, comme il y a actuellement beaucoup de gens de cette profession, il assure ici des travaux délicats, conseillant ceux qui sont ici, mais également ceux qui évoluent dans le monde physique et sont susceptibles de rédiger des ouvrages sur la spiritualité. Il est presque impossible de définir avec des mots la différence qui existe entre les divers niveaux de conscience. Mais imaginons un ballon rempli d'hélium. Au sol, c'est une forme imposante, que nous pouvons voir et toucher; ensuite, lorsque les amarres ont été coupées, il s'envole dans les airs, libre de toute attache terrestre, ce qui peut être comparé à l'âme qui s'élève et se détache du corps au moment de la mort phy-sique. Le ballon monte de plus en plus haut, jusqu'au moment où il atteint la stratosphère;

il est toujours aussi palpable que lorsqu'il était amarré au sol, mais l'homme ne peut plus le voir ni le toucher. Il échappe à la vue et s'élève vers les cieux mais, bien qu'échappant à la portée de l'homme, il est toujours vivant, si je peux m'exprimer ainsi. Je me rends compte que la comparaison est assez piètre; c'est parce qu'il est pratiquement impossible d'expliquer la chose en termes compréhensibles par l'esprit humain.

» Dans ces sphères élevées, l'âme est tout aussi visible qu'elle l'était lorsqu'elle se trouvait emprisonnée dans un corps, bien qu'elle en soit désormais totalement libérée. Nous nous trouvons maintenant dans le stade intermédiaire, encore soumis aux attaches et liens terrestres. Mais lorsque Lily pénètre dans les sphères les plus hautes de la conscience, il renonce à toutes les attaches physiques. »

J'intervins pour demander ce que voulait dire Edgar Cayce en prétendant qu'une âme entre deux existences s'envole parfois vers Uranus ou une autre planète.

« Beaucoup de planètes sont occupées par des formes d'esprit à divers stades de la conscience. Certaines âmes plus évoluées que la moyenne peuvent séjourner pendant un certain temps sur Vénus, Uranus ou Mars. Les communications qui semblent parfois émaner de ces planètes sont des formes de pensée capables d'émettre des vibrations généralement d'une fréquence trop élevée pour vos instruments terrestres. Il arrive cependant que, sous certaines conditions atmosphériques, les plus sensibles d'entre eux puissent en être affectés. »

Un autre jour, Ford me reparla de ces états élevés de la conscience :

« D'après mes souvenirs, je puis affirmer que le travail est, là-bas, d'un genre différent car, au lieu d'aider les âmes nouvelles à venir suivre des cours de philosophie, celle qui est déjà avancée en spiritualité testera ces théories, tout en allant visiter d'autres planètes où existent des formes de vie comparables jusqu'à un certain point à celles de nos propres systèmes.

» Les Atlantes – anciens habitants du continent disparu auquel on a donné le nom d'Atlantide, dont beaucoup étaient très évolués – se retrouvent souvent sur d'autres planètes, tout en observant les transformations que subit la terre, car certaines parties de l'Atlantide seront de nouveau parfaitement visibles dans quelques années – disons une décennie –, les basfonds se soulevant lentement. Ces Atlantes s'emploient à prouver qu'ils faisaient partie d'un ordre supérieur et que la race humaine sera à même de reprendre une partie de leurs connaissances ésotériques. Inutile de préciser que nombre d'entre eux se sont réincarnés maintes et maintes fois. Vous et moi avons sans doute été autrefois des Atlantes ; mais ceux qui ne sont pas retournés à la forme terrestre évoluent au sein de vibrations d'une fréquence très élevée. Ils sont si haut dans l'ordre des êtres supérieurs qu'ils n'envisagent pas de se réincarner. Néanmoins, certains seront disposés à le faire lorsque l'Atlantide remontera à la surface des eaux. En effet, il y aura un intérêt considérable à entreposer dans des cachettes sûres le matériel de haute précision qui sera ainsi à l'abri de la désintégration. Dans cette attente, ils ont instruit leurs âmes, qui évoluent maintenant à un niveau plus élevé que celui où je me trouve moi-même, et on les aide à comprendre les mystères de l'univers, mystères que les âmes habitant le monde de jadis connaissaient d'instinct. »

Une semaine plus tard, Ford m'annonça que Lily tenait à discuter avec moi des états les plus élevés de l'être.

« En apprenant nos leçons ici, dans cet état intermédiaire, commença Lily, nous avons le droit soit de nous réincarner, soit de voyager vers d'autres royaumes de la conscience. Certains d'entre nous choisissent cette seconde possibilité, ainsi que je l'ai fait moi-même. Lorsque nous sommes prêts, ayant parachevé nos discussions philosophiques et évalué de nouveau nos erreurs terrestres, nous sommes conscients d'une certaine lumière spirituelle et, moyennant un effort de pensée, nous sommes à même d'atteindre un état de conscience plus élevé, au sein duquel nous perdons contact pour un temps avec ceux qui sont restés ici et, à plus forte raison, avec ceux qui sont demeurés sur terre.

» Nous nous trouvons alors dans ce que l'on pourrait prendre pour un royaume purement éthéré, d'où est exclu tout contact avec l'extérieur. Après un certain temps, nous avons l'impression de flotter dans ce que – faute d'un terme plus adéquat – l'on pourrait appeler un "espace extérieur", mais au cœur d'une fréquence si élevée qu'il n'existe aucune manière de l'expliquer en termes susceptibles d'être compris par un cerveau terrestre. Disons que nous sommes dans le royaume d'Uranus, où les vibrations sont si intenses que nous nous sentons d'abord secoués au plus profond de nous-mêmes. C'est une atmosphère violente, ou plutôt un manque d'atmosphère, où il n'existe aucune protection contre les rayons et les pulsations. Nous demeurons là, si nous sommes capables de le supporter, pendant le temps nécessaire pour nous préparer à la prochaine étape de développement.

» Plus tard, il nous est possible de passer sur Vénus ou Mars, ou encore dans n'importe quel autre royaume de conscience de notre groupe planétaire. Et nous circulons à la surface de ces planètes comme vous circulez, vous, sur la terre, à ceci près que nos corps bêta ne sont pas encombrés par le poids de la chair. Nous ressemblons en quelque sorte à des idées et, comme nous voyons là-bas d'autres âmes nous ressemblant, on pourrait dire que nous nous mélangeons avec elles, mais seulement en tant qu'idées. Certaines des vibrations planétaires sont douces et apaisantes, d'autres ardentes et chargées de forces antagonistes. Nous avons un besoin absolu de nous soumettre à une telle expérience, afin de bien comprendre l'unicité de l'humanité et les lois qui la gouvernent. »

L'entretien se poursuivit le lendemain matin :

« Ici Lily et son groupe, avec Art également. Nous voudrions vous en apprendre un peu plus sur ce qui se passe à mesure que l'âme avance et s'éloigne de ce stade intermédiaire d'où nous communiquons avec vous. À l'étage supérieur, cette communication dans les deux sens serait impossible. Lorsque je souhaite faire appel à une personne avec qui nous aimerions nous entretenir, je redescends dans cet état intermédiaire. C'est pourquoi je ne suis pas ici en permanence dans l'attente que Votre Grandeur soit disposée à recevoir mes messages. Ne croyez pas que je veuille me montrer sarcastique; je souhaite seulement expliquer qu'il existe des choses beaucoup plus importantes que vos entretiens matinaux.

» Dans la sphère où je passe la plus grande partie de mon existence, je suis pour ainsi dire transfiguré sous ma forme astrale. Cela est dû à l'intensité de notre dévouement à l'œuvre du Créateur; et comme nous avons la faculté de passer des vibrations d'une planète aux vibrations d'une autre, nous sommes adaptés à un tel voyage tout comme un rayon de lumière. Quelle que soit la forme que nous adoptions, nous ne cessons jamais d'être notre propre moi, auquel il nous est impossible d'échapper. D'aucuns peuvent se demander pourquoi il y a des âmes hautement évoluées sur le plan terrestre, bonnes et bienveillantes, toujours prêtes à aider autrui, alors que d'autres s'élèvent à peine au-dessus du règne animal, avec leur cupidité, leurs manières grossières, leur manque de considération envers leurs semblables. Peut-être vous demandez-vous si nous devons tous demeurer nous-mêmes au cours des âges. La réponse est "oui". Et, avant que vous ne preniez cela pour de l'injustice, j'ajouterai que toutes les âmes, au commencement des temps, étaient en quelque sorte des étincelles de Dieu, toutes égales entre elles. Mais, à mesure que se succédaient les vies sur terre et ici, chacune a développé sa personnalité; et comme nous choisissons nos propres situations lorsque nous décidons de nous réincarner, nos âmes sont le produit de ce qu'elles apportent avec elles en passant d'une existence à l'autre. Intéressant, n'est-ce pas? Toutes identiques au départ : de parfaites étincelles de l'amour divin. Et quels changements lorsqu'elles ont séjourné sur terre! Il ne faut donc jamais contracter des habitudes dont on serait incapable de se défaire; il faut toujours répondre aux besoins d'autrui et tout mettre en œuvre pour nous rapprocher de Dieu. »

Le 1er mai, j'obtins des renseignements plus complets sur les divers stades spirituels :

« D'ici, comme vous le savez, nous avons la possibilité soit de nous réincarner, soit de nous élever vers ce que l'on pourrait appeler le troisième ou le quatrième "niveau". Nous sommes capables de nous adapter aux ondes de son et de lumière qui rendraient sourde ou électrocuteraient une personne physique. En nous harmonisant avec ces forces puissantes, avec ces fréquences élevées, nous nous trouvons dans un état presque fluide. Il n'est certes pas question de liquide proprement dit, mais nous nous déversons dans le cadre universel, si je puis dire, et nous nous y intégrons si intimement que, pendant un temps, nous perdons conscience de notre propre personnalité. Nous sommes une partie de ce fluide, et cela nous fait mieux comprendre que nous sommes une parcelle d'un Tout.

» J'ai évoqué, au cours de nos précédents entretiens, les visites à des planètes telles que Mars, Jupiter, Uranus, Vénus, d'autres encore. Mais il ne s'agit pas de visites au sens physique du terme ; cela se situe plutôt à un stade de conscience élevée. Car, même si ces planètes abritent certaines formes de vie, elles n'ont rien à voir avec ce qu'on rencontre sur terre. Ces planètes, fort différentes les unes des autres, ont divers stades de développement, depuis le plus inférieur des protoplasmes jusqu'aux formes de pensée les plus élevées. Et alors qu'Uranus est la plus efficace dans la lutte contre le mal, Saturne est la plus hautement développée, avec des pensées pures et sans mélange. Ceux qui habitent ces planètes pendant un certain temps sous forme de pensées sont parfois si éloignés de ce que les Terriens appellent bon sens et raison que, s'ils décident un jour de reprendre la forme corporelle, ils se trouvent en désaccord avec les autres âmes réincarnées en même temps. Ou bien ces âmes ont mûri au point qu'elles semblent n'avoir rien en commun avec les autres, ou bien elles sont tellement emplies de haine et de tendances belliqueuses acquises sur Mars et ailleurs, que leur trop grande hostilité les empêche de se réincarner paisiblement. »

C'est à ce point de l'entretien qu'intervint Arthur Ford pour déclarer :

« Durant mon actuel séjour ici, je n'ai jamais visité d'autres planètes, mais je sais que je l'ai fait entre deux autres existences terrestres. J'ignore si je renouvellerai cette expérience ou si je reviendrai sur terre pour compléter mon cycle de réincarnations. Mais il y a une chose dont je suis sûr : je ne souhaite pas visiter Uranus une seconde fois. »

Je demandai à Lily, à Arthur et à leur groupe si d'autres planètes étaient habitées par des formes corporelles pouvant être comparées aux créatures qui vivent sur terre. La réponse fut la suivante :

« Non, il n'existe pas une vie telle que vous la connaissez. Ces planètes ont cependant des formes de pensée fort intéressantes : des radis avec des ailes, des navets avec des queues, des laitues qui rient et des formes animales qui marchent sur l'air comme sur l'eau, sans compter de nombreuses formes minérales grotesques dont la vue donnerait le frisson à un Terrien et qui, pourtant, sont aussi courantes que les galets des rivières chez vous. Elles possèdent toutes diverses formes de communication et opèrent sur des fréquences plus hautes ou plus basses que les formes terrestres. Elles ont leur cycle de retour vers leurs planètes respectives, exactement comme nous nous réincarnons sur terre et, de temps à autre, les plus aventureuses tentent de s'accrocher à une vie terrestre, mais habituellement avec des résultats désastreux.

» Par exemple, lorsqu'on découvre un aborigène en un lieu isolé d'Afrique ou d'ailleurs, il s'agit généralement d'un de ces êtres habitant une autre planète et qui a tenté de prendre forme humaine. Les petits, qui ont vécu occasionnellement avec des animaux et sont incapables de parler une langue quelconque quand on les découvre, viennent d'autres planètes et ont tenté par curiosité de se glisser dans ce nouveau type de corps. Mais ils ne s'y adaptent pas plus qu'un loup ne s'adapterait dans la peau d'un agneau.

» Il y a des Terriens qui ont essayé des déguisements de Saturne et d'autres planètes ; mais là encore, les résultats n'ont pas été probants. C'est un peu comme si on tentait d'accoupler des animaux d'espèces différentes. Lorsque je dis que nous visitons d'autres planètes pendant un certain temps, je ne veux pas dire que nous y habitons avec nos corps. Nous ne sommes que des formes de pensée, et nous cherchons à apprendre les lois de l'univers, à nous imprégner de l'immuabilité de l'Unicité. »

Un autre jour, il écrivait :

« Ces autres planètes offrent des perspectives de développement totalement différentes de celles que l'on trouve sur la terre, la seule qui nous soit familière ici, dans le stade intermédiaire où nous nous trouvons. Étant donné que nous sommes venus récemment de la terre, il existe de nombreuses âmes qui se sont épanouies en visitant d'autres planètes du firmament. Certaines d'entre elles sont des lieux purement spirituels, où les âmes revêtent des habits de pensée. Certaines sont pourtant habitables sous une apparence plus charnelle, mais pas forcément sous la forme que vous connaissez sur terre. Car la forme charnelle adoptée par une âme est fonction de l'environnement. De sorte que ce qui est valable sur une planète ne l'est pas forcément sur une autre.

» Nous songeons tout naturellement à un homme ayant deux yeux, deux oreilles, un nez, une bouche, deux jambes et deux bras ; mais une âme peut parfaitement se glisser dans des formes différentes, avec le dessein d'améliorer sa progression spirituelle. La morphologie des habitants de la terre n'est pas forcément celle des habitants de Mars, de Saturne ou de toute autre planète du firmament. Lorsque nous sommes sur terre, nous avons deux poumons pour respirer et un cœur qui bat dans notre poitrine ; mais il n'en est pas nécessairement de même ailleurs. Sur certaines planètes, c'est un mécanisme à la fois plus simple et plus élaboré qui permet la vie, le mouvement et la pensée.

» Les âmes qui y habitent se trouvent à divers stades de développement, certaines plus avancées et d'autres moins, mais toutes ont en elles la lumière et le souffle de Dieu. Et si une âme s'égare sur la terre au point qu'il lui faille ensuite un milliard d'autres vies pour expier le mal qu'elle a pu faire à d'autres âmes ? Parfois, afin d'activer le châtiment, on lui offre l'occasion d'endosser une forme totalement différente sur une planète plus dure. Là, il lui sera possible, si elle résiste à l'environnement, d'expier bien plus rapidement ses péchés.

» Certaines âmes ont toujours vécu et sont mortes sur d'autres planètes, et elles n'ont évidemment aucune raison de penser qu'il existe des créatures commes celles qui se trouvent sur la terre. Je répète qu'il y a des planètes où les âmes n'existent que sur le plan de la pensée en tant que purs esprits, et il arrive qu'elles aient un degré de développement plus élevé que celles que nous rencontrons sur la terre dans leurs enveloppes charnelles.

» Les âmes ayant connu la forme terrestre et qui décident d'accéder à des stades plus élevés sont soigneusement instruites, un peu comme si elles entraient dans un monastère sur le plan terrestre. Elles apprennent à se projeter par vibrations jusque dans des sphères qu'elles n'ont encore jamais explorées. Dans ce cas, elles accomplissent des voyages vers d'autres planètes. De tels voyages leur apportent beaucoup sur le plan de la connaissance des lois universelles et, lorsqu'elles ont atteint le quatrième ou le cinquième niveau, il leur est impossible de se trouver simultanément sur plusieurs planètes. Mais une âme ayant atteint le plus haut point de développement est capable de prendre plusieurs directions en même temps.

» Parlons maintenant de l'ultime perfection que nous découvrons ici lorsque les âmes se fondent enfin en Dieu. Bien sûr, nous n'en sommes pas encore à ce stade de félicité mais, lorsque les âmes approchent de cette finalité, elles se remémorent non seulement leurs existences passées, mais également chaque pensée, chaque concept qui les a effleurées depuis le commencement des temps. Elles décident de tout entreprendre pour expier d'une manière ou d'une autre les méfaits qu'elles ont pu commettre jusqu'au moment où elles sont dignes de rejoindre Dieu. Il n'y a point de vanité dans une telle décision, mais une simple prise de conscience de la vie. Elles sont attirées au sein d'une paix parfaite et immuable vers l'unicité de Dieu. »

Après une discussion aussi profonde sur l'unicité de Dieu, il paraissait un peu ridicule de poser des questions sur les soucoupes volantes ; mais je savais que si je ne me renseignais pas sur ce sujet, mes lecteurs ne seraient pas entièrement satisfaits. Toujours fort amène, Ford répondit :

« Il y a effectivement des soucoupes volantes, qui ont leur origine dans les pensées de ceux qui résident sur les autres planètes. Mais leurs manifestations physiques que les Terriens croient avoir vues ou touchées n'ont aucune existence réelle. Ce ne sont pas des solides au sens propre de ce terme, mais des transmissions de lumière et de son qui paraissent aussi vraies que s'il s'agissait d'engins faits d'acier. Elles sont visibles dans certaines conditions et ont parfois roussi légèrement le sol de la terre en s'aventurant trop près, mais elles ne sont pas accessibles aux êtres humains. »

Il ne m'en dit pas davantage.

15

PROPHÉTIE

Au cours d'une longue discussion que nous eûmes dans les premiers jours de mars, Arthur Ford écrivait :

« Au niveau où je me trouve maintenant, le temps n'a pas de sens, car nous savons que nous sommes éternels, que nous n'avons pas eu de commencement et n'aurons pas de fin. Le temps n'existe donc pas ici, alors que, sur la terre, il constitue une absolue nécessité pour régler le sommeil et la veille, la naissance et la mort, ainsi que la succession des occupations journalières. De ce côté-ci du rideau, nous percevons un spectre de temps plus étendu que vous ne pouvez le faire, mais nous ne voyons ni le commencement ni la fin de la vie éternelle. Nous ne sommes pas plus infaillibles que vous ne l'êtes, tout en ayant une vision plus étendue et plus approfondie des desseins de Dieu.

» Lorsque nous naissons à la vie physique, nous nous trouvons au début d'une période de ce que vous appelez "le temps", et nous ne voyons pas plus loin que les soins qu'on nous prodigue et la nourriture qu'on nous donne, puisque ce sont là les seuls éléments indispensables à un bébé. Puis notre faculté d'observation s'étend progressivement tout au long des divers cycles de cette existence matérielle. Et, pour l'enfant, cette vision paraît interminable, simplement ponctuée d'événements bénins, heureux ou malheureux. Mais, à mesure que nous avançons en âge et approchons de la vieillesse, le temps semble s'écouler si rapidement qu'une année ne paraît guère plus longue qu'une seule journée quand nous étions enfants.»

Je fus passablement intriguée en l'entendant affirmer que, de son côté, les âmes pouvaient distinguer «un plus long spectre de temps», et je lui demandai si, dans ces conditions, il était en mesure de prévoir certains événements à venir. Il avait déjà précisé que le continent perdu de l'Atlantide redeviendrait visible au cours de la prochaine décennie et que notre participation à la guerre du Viêt-nam prendrait fin sans tarder. Mais il y avait d'autres choses que je désirais savoir, et je me souvins que Fletcher s'était avéré excellent prophète lorsqu'il s'était manifesté par l'entremise de Ford en état de transe. Un an avant l'assassinat du président Kennedy, il avait déclaré, au cours d'une séance, que John serait tué lors d'un déplacement loin de la Maison-Blanche. Une semaine avant l'élection de 1964, le 28 octobre, durant une séance à Philadelphie, Fletcher présenta feu Harold Ickes, qui avait été secrétaire à l'Intérieur à l'époque de Franklin Roosevelt, et il nous déclara : «Ickes prédit que le vote électoral de Goldwater se situera entre quarante-trois et cinquante-deux pour cent. » Il fut de cinquante-deux. Fletcher fit également une prédiction extrêmement précise concernant ma sœur Margaret ; et lorsque la chose vint à se savoir, peu de temps après, j'en eus la chair de poule.

Je vais maintenant révéler les prédictions que m'a faites Arthur Ford depuis qu'il est passé de l'autre côté du rideau, pour reprendre sa propre expression.

« L'élection de l'année prochaine ramènera les républicains au pouvoir[1], ainsi qu'ils le méritent, car le parti démocrate s'est scindé en plusieurs fractions plus ou moins antagonistes, et il n'a aucun programme, sauf celui de combattre à l'avance tout ce que Nixon essaie d'instaurer. »

Je demandai si cela était un fait acquis, et si la situation ne risquait pas d'évoluer entre le moment présent et 1972. Il me répondit :

« Nixon est un gagnant. Il remportera l'élection, et Agnew[2] sera dans le coup, lui aussi. Henry Jackson serait le meilleur candidat démocrate, mais il ne sera pas désigné. On peut aussi voir Ted Kennedy en candidat présidentiable, mais il est impossible de croire à sa réussite avant au moins cinq ans.

» Ethel Kennedy ne se remariera pas dans l'immédiat. C'est une trop bonne mère, trop intéressée à ses enfants pour mettre leur bonheur en péril, étant donné le genre d'homme d'avant-garde qu'elle affectionne.

1. L'ouvrage de Ruth Montgomery a été publié aux États-Unis en 1972.

2. Spiro Agnew était à l'époque gouverneur du Maryland (N. du T.).

» Le mariage de Jackie et d'Aristote Onassis ? Ces deux-là ont plus de choses en commun que la jeune femme n'en avait avec John Kennedy, ses frères et ses sœurs. Tous deux aiment l'argent et le pouvoir, et je ne les vois pas à la cote dans un proche avenir !

» La Jordanie ne restera plus bien longtemps indépendante. Elle sera avalée par Israël et la Syrie. C'est regrettable, car Hussein est un bon roi.

» L'Égypte se dotera d'une forme différente de gouvernement au cours des dix années qui viennent. Cela se produira lorsque surgira un homme fort, doué de bonté et d'intelligence.

» La Turquie demeurera forte et ne se tournera pas vers le communisme, pas plus que la Grèce.

» La France continuera sur sa lancée, avec des hauts et des bas.

» L'Angleterre restera puissante, mais elle ne parviendra pas à affirmer sa suprématie.

» Le Viêt-nam ? L'Amérique se retirera progressivement de la zone des combats, mais le sang continuera à couler longtemps encore. Lorsque la paix reviendra enfin en Asie du Sud-Est, les anciens combattants qui rentreront chez eux verront se dresser le spectre du chômage et seront incapables de s'adapter aux lois du marché. Ils auront grand besoin qu'on les aide à résoudre leurs problèmes, et on serait bien inspiré en haut lieu de créer des écoles où on leur apprendrait à s'insérer psychologiquement dans la société nouvelle.

» L'Europe ne deviendra pas communiste, et le monde communiste coexistera encore pendant longtemps avec le prétendu monde libre. La société hédoniste du monde communiste se tournera de plus en plus vers Dieu, parce que les mystères du psychisme attireront l'attention des physiciens et autres savants soviétiques. En se rapprochant de Dieu, leurs esprits s'ouvriront, et les progrès seront alors extrêmement rapides. La Russie connaîtra une société plus libre, et la Chine adoptera un meilleur comportement vis-à-vis des autres peuples, lorsqu'elle aura été admise dans le sein des Nations unies.

» Russie et Chine ? Pas de litige entre ces deux pays pendant au moins vingt ans. Aucune guerre importante ne s'y déroulera, mais il pourrait se produire certaines frictions parfois sérieuses. Il est nécessaire de préciser que les races blanche et jaune vont se prendre à la gorge au cours de la prochaine décennie. Et c'est grand dommage, car nous autres – qui avons vécu de nombreuses existences charnelles – avons appartenu tantôt à une race et tantôt à l'autre. La vérité, c'est qu'il n'y a ni race ni couleur, mais simplement des âmes différentes qui émanent de la même source, c'est-à-dire de Dieu. Pourquoi, dans ces conditions, cette amertume que l'on constate entre les diverses races et croyances ? Le temps viendra, dans une ère proche, où les convoitises et les haines seront rejetées. Alors, la paix régnera sur la terre. Mais vous ne vivrez pas suffisamment longtemps pour assister à ce changement.

» Le Japon affirmera sa suprématie sur le plan commercial et inondera le monde de ses produits intelligemment conçus et de haute qualité. Il ne s'engagera dans aucune guerre pendant au moins un siècle.

» L'Allemagne faiblira légèrement sur le plan financier au cours des prochaines années, mais elle demeurera une grande puissance avec laquelle il faudra compter, ses deux secteurs se rapprochant sans toutefois se fondre totalement.

» L'économie du Mexique se maintiendra, à condition d'être convenablement guidée.

» Les problèmes israélo-arabes devront être réglés autour d'une table de conférence avant que la situation n'échappe à tout contrôle ; car cela ferait reculer le monde civilisé d'au moins dix mille ans, et on reviendrait à la lutte fratricide d'Abel et de Caïn. Au Moyen-Orient, le désaccord régnera encore pendant longtemps, jusqu'à ce qu'Israël accepte enfin de se rendre compte qu'il n'a pas toujours raison et les autres toujours tort. Les juifs ont été appelés le "peuple élu", mais sont-ils plus "élus" que ceux qui ont eux-mêmes choisi Dieu ? Aujourd'hui, à bien des égards, Israël n'est pas ce qu'on pourrait appeler une nation vivant dans la crainte de Dieu. Il existe, certes, des signes extérieurs d'adoration. Mais certains de ses dirigeants, qui se sont éloignés de Dieu, ne connaîtront pas toujours la victoire. Il serait ridicule de prétendre que la crise du Moyen-Orient sera résolue dans un temps plus ou moins proche si les âmes ne s'élèvent pas vers Dieu. Le feu continuera à couver si les hommes ne prennent pas conscience des réalités et ne parviennent pas à surmonter leur haine et leur cupidité. La présente crise ne conduira pas à un affrontement mondial, mais elle demeure toutefois comme une épine enfoncée dans les chairs.

» Cuba continuera, sous la conduite de Castro, à glisser sur la pente déjà amorcée. Mais un régime nouveau négociera finalement avec l'Amérique, et le pays rentrera dans le sein de l'Organisation des Nations américaines. Cela devrait se produire dans les quatre ou cinq prochaines années.

» Le Chili connaîtra avant longtemps un bouleversement qui écartera les communistes du pouvoir.

» En Amérique centrale et en Amérique du Sud, le communisme progresse dans certaines zones, comme vous le savez, et la lutte se poursuivra – s'accentuera même – jusqu'au moment où un homme équilibré et sensé prendra la barre en Argentine et au Chili. Cela pourrait se produire au cours des sept prochaines années.

» Vous m'avez aussi demandé ce que je pensais d'un remède contre le cancer. Eh bien, on a déjà fait un pas en avant au cours de l'année qui vient de s'écouler. On s'apercevra plus tard que le virus est parti des zones réflexogènes, mais que les attitudes et les émotions jouent un rôle primordial dans la production des cellules cancéreuses. Sur ce sujet, il se pourrait que vous ayez, avant longtemps, des nouvelles importantes en provenance d'Allemagne.

» Et les changements atmosphériques ? me direz-vous. Il se produit une augmentation alarmante du "smog" et une contamination qui influent automatiquement sur le temps en plaçant un nuage de fumée entre la terre et le soleil. La température augmentera dans les régions chaudes et diminuera dans les régions froides jusqu'à la dernière décennie de ce siècle. À ce moment-là, il se produira une modification radicale de l'axe équatorial, et les conditions climatiques seront tellement altérées qu'il deviendra difficile, en plusieurs points de la planète, de reconnaître les végétations antérieures. Cependant, après une période de mers agitées et de vents d'une violence extrême, les troubles atmosphériques prendront fin. Alors les gens qui vivront au nord de la planète connaîtront un climat tropical, et vice versa. Cela devrait se produire avant l'an 2000.

» Ce bouleversement sera-t-il un bien ou un mal ? Je répondrai que, selon moi, ce sera bonnet blanc et blanc bonnet. Une fois passée la première réaction de peur, les gens se réinstalleront dans leurs vieilles habitudes, cherchant à tirer un profit personnel des événements. Certaines personnes, cependant, s'emploieront à adoucir les tourments des plus affectées.

» Si ces événements doivent se produire, pourquoi nous donner la peine de résoudre le problème de l'environnement et de nous soucier d'écologie ? Pourquoi ne pas apprendre dès maintenant des leçons inestimables pour notre avenir ? Évitez de retomber dans les mêmes erreurs, alors que des centaines de millions de gens respirent un air vicié et des exhalaisons putrides. Qu'adviendrait-il des nouveau-nés, ces âmes de retour sur la terre qui y trouveraient une atmosphère presque délétère ?

» La Californie et Manhattan disparaîtrontils sous les mers avant la fin du siècle? Cet engloutissement menace et devrait, comme l'a prédit Cayce, se produire d'ici peu. En revanche, le Mexique ne devrait pas être trop gravement touché, à l'exception des régions côtières.

» La paix, que l'homme recherche désespérément, lui échappera jusqu'au début du siècle prochain, lorsque les canons se seront enfin tus. Cette paix ne sera d'ailleurs pas le fait d'un seul individu, mais d'une race de pacifistes qui naissent en nombre croissant et useront de leur influence sur les gouvernements du monde pour exiger la fin des tueries. Ces pacifistes seront ceux qui ont tellement souffert pendant la guerre de Cent Ans qu'ils ont renoncé à se réincarner jusqu'au moment où ils ont vu la terre de nouveau plongée dans un carnage presque incessant. Mais leurs âmes sont maintenant prêtes à reprendre la forme humaine pour conduire la cause de la paix. »

Ce fut sur cette note d'espoir qu'Arthur Ford mit un terme à ses prédictions.

ÉPILOGUE

Toute la matière du présent ouvrage a été reçue durant une période de quatre mois, à partir du 4 janvier 1971 et jusqu'au 7 mai. À la fin de nos entretiens, je demandai à Arthur Ford s'il serait disponible au moins jusqu'à la publication du livre.

« Je ne serai pas loin, me répondit-il, et Lily saura où me trouver si vous avez besoin de moi. Ne vous inquiétez donc pas. Je vais simplement aller accomplir un petit travail à un niveau différent. »

Lors de notre dernier entretien au mois de mai, il avait écrit :

« Notre tâche est presque achevée, et je m'en réjouis. Je vais à présent me tourner vers d'autres horizons. Lily ne sera pas non plus très disponible ; mais si vous souhaitez néanmoins entrer en communication avec nous, une autre personne du groupe vous prendra en charge. Bien entendu, il sera possible de faire appel à Lily si la chose présente un caractère d'urgence. Avant de vous livrer de nouveau à l'écriture automatique, nous vous conseillons de méditer et, comme à l'ordinaire, de demander protection. Mais n'exigez pas un entretien chaque matin. Il vous faut maintenant un peu de repos. Et surtout, conduisez votre existence présente en vous conformant à ce que vous avez écrit dans votre livre. »

La tristesse d'une autre séparation ? Certes. Mais rien de comparable à ce que j'ai éprouvé, un certain matin, en recevant la nouvelle de sa mort. Car je le savais maintenant engagé dans un travail qui lui plaisait, au sein des plus hautes sphères de la conscience. Nous nous rencontrerions de nouveau, et, en attendant cette échéance, j'avais, moi aussi, une tâche à accomplir. Cette tâche – que j'achève aujourd'hui – a été extrêmement agréable. J'avais commencé mon manuscrit à ma manière habituelle, écrivant les divers chapitres au brouillon, puis les corrigeant et les polissant pour leur donner leur forme finale. Mais il m'est vite apparu que la prose d'Arthur n'exigeait que fort peu de retouches, et je rédigeai le restant de l'ouvrage sur du papier machine normal avec doubles au carbone.

Je n'ai omis que quelques répétitions inutiles, ainsi que de rares messages de caractère strictement personnel ne concernant que moi ou ma famille. En revanche, l'orthographe n'étant pas mon point fort, j'ai dû passer un temps assez considérable à consulter le *Webster's Dictionary*. Et j'ai pu constater que c'était toujours Arthur qui avait raison. En outre, sa forte personnalité transparaissait dans chacune des pages qu'il me dictait, et je retrouvais souvent son humour habituel.

Je voudrais ici remercier les milliers de lecteurs de mes précédents ouvrages psychiques qui se sont donné la peine de m'écrire. Afin d'épargner à d'autres la même contrainte, il me semble que je devrais répondre, dans l'espace qui me reste encore, aux questions qui m'ont été le plus fréquemment posées.

L'écriture automatique peut-elle être dangereuse ? La réponse est « oui ». À moins que le sujet ne soit mentalement et physiquement très bien équilibré, il ne lui est pas recommandé d'ouvrir une porte par laquelle peuvent se glisser des esprits maléfiques. Arthur Ford écrivait, en avril dernier, à propos d'une femme :

« Elle n'est pas en danger tant qu'elle reste concentrée sur le Christ et laisse son inconscient agir au nom de son esprit conscient. Si elle suit les directives conduisant habituellement nos actions, rien ne saurait lui arriver ; en revanche, au moment où elle se laissera submerger par son subconscient, elle risque des désagréments, car c'est là que se trouve la banque des souvenirs. Et lorsque le subconscient prédomine, il peut laisser échapper un fouillis de réminiscences jusque-là enfouies dans la nuit des temps et qu'il est dangereux de libérer d'un seul coup. Dans un tel cas, le sujet éprouvera d'énormes difficultés à s'adapter lorsqu'il aura franchi la porte de séparation des deux mondes. L'esprit subconscient ainsi libéré semble tout voir et tout connaître, mais il est en réalité dépourvu de jugement. La pauvre femme peut alors donner l'impression d'être possédée par des démons. Mais Jésus ayant chassé en Galilée les démons maléfiques, il va maintenant rendre son contrôle à l'esprit conscient. Il faut souvent de longues années sur la terre pour rétablir l'équilibre entre le conscient et l'inconscient. Que cela serve de leçon à ceux qui, dans leurs corps physiques, font fi des avertissements, négligent les soupapes de sûreté et autres freins susceptibles d'agir efficacement. Ils libèrent tous les cauchemars de la boîte de Pandore, permettant ainsi au subconscient d'envahir et de dominer leur moi. »

Si vous avez l'intention de vous essayer à l'écriture automatique, je vous exhorte à observer toutes les précautions et règles de sécurité que j'ai énumérées dans *A Search for the Truth* et que je vais me permettre de répéter ici. Il faut, en premier lieu, que votre intention soit de rechercher une évolution spirituelle et non une distraction frivole. Ne tentez pas l'expérience si vous ne vous livrez pas également, chaque jour, à une sérieuse et profonde méditation. Priez pour implorer votre protection avant de commencer une séance d'écriture, que vous ne devrez pas prolonger au-delà de quinze minutes ; mais il faudra que la séance ait lieu chaque jour à la même heure, à condition que vos guides spirituels soient disponibles. Dans le cas où des entités maléfiques tenteraient de faire des apparitions et où vous recevriez des messages en langage grossier, interrompez immédiatement l'entretien. Cela signifierait que vous n'êtes pas prêt pour la communication spirituelle.

Voici quelques questions qui m'ont souvent été posées.

QUESTION : Pouvez-vous recommander un médium valable, un astrologue ou une personne susceptible d'interpréter et de commenter des vies antérieures ?

RÉPONSE : Non, je n'ai pas suffisamment de connaissances dans le milieu du psychisme, et il m'est impossible d'assumer la responsabilité d'une recommandation.

QUESTION : Le M. A... dont vous parlez dans *A Search for the Truth* serait-il disponible pour m'aider à résoudre mes problèmes ?

RÉPONSE : M. A... désire absolument conserver l'anonymat, ce qui est compréhensible, car j'ai reçu des milliers de demandes réclamant ses services. Je n'ai pas le droit de divulguer son identité.

QUESTION : Comment puis-je sans danger développer mes capacités psychiques et la conscience des vies antérieures ?

RÉPONSE : Il existe deux associations sans but lucratif qui ont des antennes dans diverses villes des États-Unis et du Canada. On peut s'adresser librement à elles. Écrivez à *Spiritual Frontiers Fellowship* (groupe fondé par Arthur Ford), 88 Custer Avenue, Evanston, Illinois 60202 ; ou bien à l'*Association for Research and Enlightment*, P.O. Box 595, Virginia Beach, Virginia 23451. Vous y obtiendrez des renseignements concernant votre admission éventuelle à l'antenne la plus proche de votre domicile. Ces deux associations possèdent d'excellentes librairies ésotériques, et leurs membres peuvent y emprunter les ouvrages qui les intéressent, même par correspondance.

QUESTION : Pouvez-vous poser une question pour moi à vos guides spirituels ?

RÉPONSE : Impossible. Lily a bien précisé que

telle n'est pas leur mission, et Arthur Ford se consacre désormais à d'autres tâches.

Il appartient à chacun d'entre nous de développer ses propres qualités spirituelles par la méditation et la prière, tout en ayant toujours une main tendue vers autrui. Nul ne peut tracer le sentier à notre place. Il nous faut le découvrir nous-même. Et n'oublions jamais que les épreuves et les échecs de notre existence nous aident à devenir plus forts. Nous ne pouvons espérer avoir constamment le vent en poupe.

GLOSSAIRE

Corps alpha : le corps physique.

Ashram : habitat des yogis en Orient, où l'on prodigue l'instruction psychique.

Aum ou *om* : incantation spirituelle utilisée avant la méditation. Le mot *aum* représente Dieu, et d'aucuns pensent que notre mot *amen* n'en est qu'un dérivé.

Aura : radiation que l'on dit entourer tous les corps humains et pouvant être distinguée par de nombreux voyants.

Écriture automatique : production de messages écrits, apparemment sans pensée consciente, au moyen d'une machine à écrire ou d'un crayon dont on pose légèrement la pointe sur une feuille de papier vierge.

Corps bêta : forme astrale que l'on dit entourer le corps physique.

Le Bon Livre : la Bible, qui est remplie d'expériences psychiques, telles que visions, entretiens avec les défunts, prophéties, guérisons miraculeuses, perceptions extra-sensorielles.

Karma : la loi de cause à effet (l'œil pour œil de la Bible), signifiant que ce que nous ferons à autrui nous sera ensuite fait à nous-même.

Mantra : vocable sanscrit désignant une ou plusieurs syllabes psalmodiées en début de méditation. On affirme que chaque personne possède un mantra différent, représentant sa vibration unique vers le grand Univers.

Médium : voyant par l'intermédiaire de qui la communication est apparemment établie entre les vivants et les morts.

Psychométriste : celui qui peut percevoir psychiquement des faits concernant un objet ou son possesseur, par simple contact avec cet objet.

Réincarnation : croyance que chaque âme retourne indéfiniment dans des corps humains, afin d'expier les fautes commises dans des vies antérieures et d'atteindre ainsi la perfection. Il ne faut pas confondre la réincarnation avec la transmigration des âmes dans des formes animales, croyance qui existe chez certaines sectes orientales.

Séance ou *réunion* : rassemblement de personnes cherchant à entrer en communication avec le monde spirituel par l'intermédiaire d'un médium.

Contrôle spirituel : désincarné – comme Fletcher – qui, par le truchement d'un médium, transmet aux vivants des messages d'outre-tombe.

Guide spirituel : désincarné qui semble écrire ou parler par l'intermédiaire d'une personne vivante.

Transe : état dans lequel l'esprit conscient s'efface devant une autre entité qui prend momentanément sa place.

TABLE

JEU -TEST
ETES-VOUS NEW AGE ?

Il y a un an, la vague New Age déferlait en France.
J'ai lu New Age vous propose de faire le point vous-même.
Il vous suffit de répondre une seule fois à chacune de
ces 14 questions :

1. Votre image du bonheur, c'est

A un saut dans l'inconnu   C l'escalade d'un sommet

B une fleur de lotus   D un sourire pour rien

2. Votre remède à la mélancolie est

A la contemplation de la beauté

B la méditation à l'aube

C la recherche de nouveaux plaisirs

D l'évasion vers l'ailleurs

3. Vous croyez que l'idée de réincarnation

A est un antidote à l'angoisse

B crée un sentiment d'immortalité

C met sur la voie du karma

D enterre les préjugés sur la mort

4. Votre ville est menacée
par une épidémie, vous vous réfugiez

A sur la banquise   C dans le désert

B sur une île   D dans une autre ville

5. Si vous jeûniez ce serait

A par esthétisme

B pour stimuler votre esprit

C pour vous donner du cœur au ventre

D pour franchir une étape initiatique

6. Une rencontre sexuelle réussie

A aboutit à un retour aux sources

B procure un état de grâce

C est une jouissance partagée

D donne la petite mort

7. Cap difficile : vous diriez qu'à l'intérieur de vous

A s'agitent des forces obscures   C vous êtes un peu perdu

B la lumière cherche à se faire   D le yang étouffe le yin

8. Vos principes clés pour s'ouvrir à la vie :

A altruisme et humilité   C volonté et self-control

B confiance et sérénité   D reconnaissance et abandon

9. Votre luxe consiste à

A sauvegarder votre âme

B garder du temps pour l'essentiel

C découvrir la transparence

D intégrer votre corps astral

10. L'image qui symbolise l'évolution :

A le papillon sortant de sa chrysalide

B le passage de l'autre côté du miroir

C la danse des derviches tourneurs

D l'ouverture du troisième œil

11. Ce qui limite le plus votre action :

A le manque d'émerveillement   C le manque de guide

B le manque de confiance   D le manque de motivation

12. Le début d'un grand amour, c'est

A le terme de votre errance

B la fin de vos chimères

C l'étouffement de votre narcissisme

D la déchirure de votre masque

13. L'amour est à vos yeux

A mystère   C prière

B soufrière   D rivière

14. Et sur la route vous emportez

A un cristal   C un talisman

B un mantra   D le vent

Ce test a été conçu par Gérard Tixier, médecin, formé en Californie à la psychiatrie et aux techniques de développement personnel. Il est l'auteur de trois livres de tests.

Vous trouverez les résultats de ce test , à partir de décembre 1990, dans les J'AI LU NEW AGE, en particulier dans L'amour, la médecine et les miracles, La magie des pierres *et* La lumière de l'au-delà.

J'AI LU NEW AGE : LES NOUVELLES CLÉS DU MIEUX-ETRE

Composition Communication à Champforgeuil
Impression Brodard et Taupin
à La Flèche (Sarthe) le 24 octobre 1990
1529D-5 Dépôt légal octobre 1990
ISBN 2-277-22895-8
Imprimé en France
Editions J'ai lu
27, rue Cassette, 75006 Paris
diffusion France et étranger : Flammarion